中国

民族艺术研究

ZHONGGUO MINZU YISHU YANJIU

吕海景 韩振坤/著

中国水利水电出版社
www.waterpub.com.cn

内 容 提 要

本书是一部关于中国民族艺术的学术专著。本书从中国民族艺术的传统文化论说起,论述了中国民族艺术的特征与符号表达,并依次介绍了书画、民间工艺、雕塑、音乐等几个经典的中国民族艺术的门类。基于我国当前对民族艺术保护力度不够而保护意识逐渐增强的现状,本书在立足于民族艺术基础理论的同时,在民族艺术的传承与保护方面也有一定的倾向与着墨,很适合相关学者与感兴趣的读者阅读。

图书在版编目(CIP)数据

中国民族艺术研究 / 吕海景,韩振坤著. -- 北京:
中国水利水电出版社,2014.7(2022.9重印)
ISBN 978-7-5170-2280-0

Ⅰ.①中… Ⅱ.①吕… ②韩… Ⅲ.①民族艺术-研
究-中国 Ⅳ.①J12

中国版本图书馆CIP数据核字(2014)第155661号

策划编辑:杨庆川 责任编辑:杨元泓 封面设计:马静静

书　　名	中国民族艺术研究
作　　者	吕海景　韩振坤　著
出版发行	中国水利水电出版社
	(北京市海淀区玉渊潭南路1号D座 100038)
	网址:www. waterpub. com. cn
	E-mail:mchannel@263. net(万水)
	sales@ mwr. gov. cn
	电话:(010)68545888(营销中心)、82562819(万水)
经　　售	北京科水图书销售有限公司
	电话:(010)63202643、68545874
	全国各地新华书店和相关出版物销售网点
排　　版	北京鑫海胜蓝数码科技有限公司
印　　刷	天津光之彩印刷有限公司
规　　格	170mm×240mm　16开本　13.5印张　242千字
版　　次	2015年4月第1版　2022年9月第2次印刷
印　　数	3001-4001册
定　　价	40.00元

前　　言

中国民族艺术丰富多彩、特色鲜明,在长期的历史发展过程中取得了举世瞩目的成就。时至今日,民族艺术已经成为中国传统文化中的瑰宝,各种形式的艺术门类也正以崭新的姿态散发出无穷的魅力。

艺术是社会发展的一面镜子,一个民族的艺术也是该民族审美特点、价值取向、行为方式的具体体现。它们具有与人类本身同样古老的历史,并且塑造了我们观察世界、欣赏世界的方法。

进入 21 世纪以来,随着中国经济的飞速发展和经济实力的大幅提升,中国文化在整个世界范围内的影响力也越来越大。在这种背景之下,传统民族艺术既面临着机遇,也存在着挑战。一方面,世界各地越来越多的人想了解和学习中国民族艺术,这种局面使我们看到了中国文化美好的发展前景。另一方面,在经济全球化深入发展的今天,外来的各种文化思潮、价值体系也对传统文化产生了十分强烈的冲击,如果不对民族文化艺术加以保护,产生的损失将是无法估量的。面对现实,我们既要做好民族艺术的弘扬、宣传,也要做好传承和保护工作,以顺应时代的发展和社会的进步。在这种使命感的驱使下,作者特撰写了《中国民族艺术研究》一书。

本书的写作在内容上尽可能做到理论联系实际,具有时代特色;语言上深入浅出,通俗易懂,避免空读与艰涩难懂,令人望而生畏的风格;形式上内容丰富,图文并茂,具有很强的耐读性。

《中国民族艺术研究》一书结构清晰,共分为六章内容。按照全书整体框架结构,可以分为两大部分。第一部分为第一章和第二章,内容为中国民族艺术与传统哲学、传统美学之间的关系,中国民族艺术的特征和符号表达等。这一部分涉及民族艺术的文化传统和表现形式,是对中国风格与特色的基本论述,可以作为读者初窥中国民族艺术的门径。第二部分为第三章至第六章,内容包括民族书画艺术、民间美术工艺、民族雕塑艺术和民族音乐艺术的相关研究,这些异彩纷呈的艺术形式是民族艺术的重要组成部分,也是中华民族中最具魅力与特色的文化精髓。

本书的撰写得到了许多专家学者的指导和帮助,同时也参考了许多同仁的研究成果,在此表示诚挚的谢意!书中引用部分未能一一注明出处的,敬请谅解！

由于本人理论水平有限，加之时间仓促，书中有不尽如人意处在所难免，欢迎各位积极批评指正，本人会在日后进行修改，以飨读者。

作者
2014 年 5 月

目　录

第一章　中国民族艺术与传统文化论说

　　中国传统哲学中的价值学说以儒道两家学说为核心部分,这也是中国固有文化的主要思想基础。古代哲学家经常用艺术作譬喻来说明他们的哲学思想,反过来,这些哲学思想对后代艺术的发展也产生了很大影响。也就是说,中国民族艺术与中国传统哲学之间的关系是密不可分的。因此,要对中国民族艺术进行学习和研究,就必须对中国传统哲学有所了解。在传统哲学基础上形成的美学思想,长期以来一直指导着民族艺术的发展。本章内容将对民族艺术与传统文化之间的密切关系进行论述,深入了解民族艺术发展的文化传统。

第一节　中国民族艺术与传统哲学论说

一、天人合一

　　天人之学是中国古代哲学必然探讨的一个主题,同时也是最基本的命题。汉代司马迁曾说"究天人之际,通古今之变,成一家之言。"这向我们说明了,只有研究天人之间的关系,阐明"天"的性质和"人"所处的地位和作用,才能在学术上有所建树,自成一家。

　　天与人之间的关系,其实就是人与自然的关系,在古代的思想家当中,对这一关系表现出三种不同的观点。

　　第一种是以老庄为代表的服从自然说。老子主张"天道自然",人与天是平等的,他把人作为独立的因素从天的束缚中分离出来,这个观点意义重大。庄子继承了老子的学说,他把天称之为"形之大者",并认为人们之所以不自由是违背了天的本性,所以主张顺应自然行事。庄子否认人为,把人的主观努力看做是对自然界的破坏,这种自然宿命论受到了荀子的批评。

　　第二种是以荀子为代表的征服自然说。荀子在总结了各家各派的学说后，取长补短，提出了"天人相分"的观点，他强调人的主观性，认为只要努力就可以驾驭自然、利用自然。荀子的这一观点其实就是"人定胜天"哲学思想的基础。

第三种是占主导地位的天人协调说，这一思想后来发展成为"天人合一"的观念，并得到进一步的发展。"天人合一"的观念源于西周的天命论，历代思想家曾针对这一传统哲学的最基本的命题提出过各种观点。孟子主张通过"尽心、知性、知天"达到天人合一的境界；董仲舒以"天人感应"的神学目的论解释天人合一；宋代程朱理学认为"理"为宇宙本体，"天"即"理"，其心目中的"理"是封建伦理规范；明代王守仁认为"人心即天"，以主观唯心主义解释天人合一。北宋哲学家张载认为宇宙的本原是气，而"气"是物质性的，清代王夫之则继承发展了这一观点，并以此建立了他的"天人合一"论。至此，"天人合一"哲学理论渐臻成熟。

"天人合一"的观点对中国民族艺术的设计影响十分深远，在园林设计、建筑设计等领域表现最为突出。例如在中国古典园林设计当中，"境心相遇"、"风景与人为一"的园林境界使人们通过最完美的形式体会到了"天人相与之际"，而这也正是历代古典园林追求的艺术目标。

图 1-1　苏州园林

具体表现有以下方面：其一，以"自然天成"为最高准则，反对违反自然本性和破坏生态环境的做法。这种"重自然"的学术观点，在中国古典园林设计史上占据重要地位。明代园林设计大师计成提出了"自成天然之趣，不烦人事之功"的主张。大自然中的山、水、树木、花草等，被视为中国古典园林的主体，应如何布置自然生态仿佛早已安排好了，设计者只需去发现即可。其二，力求自然美与人工美的和谐统一。明代计成在其所著《园冶》中提出"虽由人作，宛自天开"的设计理念。也就是说，人造景观应与自然景观和谐相生、相映成趣、浑然一体，将人工之美融于自然当中。其三，注重园林景观建筑与大自然的有机联系。当代著名学者宗白华先生指出，"古希腊人对于庙宇四围的自然风景似乎还没有发现。他们多半把建筑本身孤立起来欣赏。古代中国人就不同。他们总要通过建筑物，通过门窗，接触外面的大自然"①，"窗子在园林建筑艺术中起着很重要的作用，有了窗子，内外就发生交流。窗外的竹子或青山，经过窗子的框框望去，就是一幅画。"②这种把内外景物有机联系，在园林景观设计时通盘考虑、加以整体把握的做法，是中国古典园林设计的一个鲜明特点。其四，以人为中心，构建令人心旷神怡的"天人合一"的艺术空间。造园应以人为主体，按照人的需要设置一切景物及亭台楼阁，人们身临其境时会获得"自是仙境，决非人间"的审美感受。

二、中和为美

"中"与"和"是中国传统哲学的两个重要概念，二者既有区别又紧密联系。"中"的含义是既不过多，又不过少，但不可理解为凡事只求一半，而是恰如其分、恰到好处的意思。"和"的含义是协调差异与分歧，使事物和谐一致。但是，"和"与"同"也是不一样的。"同"与"异"相对立，"和"却能包容"异"，并且必须包含"异"，才算真正意义上的"和"。总而言之，"'和'是矛盾各方统一的实现；'中'是实现这种统一的正确原则和恰好量度。二者水乳交融，浑化一体。"③

"中和"不但是中国传统哲学体系中的一个重要内容，也是中国传统美学的重要思想基础。"中和为美"的审美观就是中国传统哲学的"中和"思想在艺术创作和审美领域的反映。例如，战国时期的辞赋家宋玉曾在《登徒子好色赋》中以"增之一分则太长，减之一分则太短；着粉则太白，施朱则太赤"来形容一位美女的身体和容貌都恰到好处。

"中和为美"的审美观对于中国民族艺术设计的影响是十分深远的。清代李渔认为服装设计要因人而异，使"衣"与"人"相协调，他在自己的著作中写道："妇人之衣，不贵精而贵洁，不贵丽而贵雅，不贵与家相称，而贵与貌相宜……然人有生成之面，面有相配之衣，衣有相配之色，皆一定而不可移者。面颜近白者，衣色可深可浅；其近黑者，则不宜浅而独宜深，浅则愈彰其黑矣。"④

---

① 宗白华．美学漫话．武汉：长江文艺出版社，2008
② 同上
③ 彭吉象．中国艺术学．北京：北京大学出版社，2007
④ 出自清代李渔《闲情偶寄》。

李渔认为,衣服的款式与色彩要因人而异,这是服装设计必须遵循的原则。"配衣"和"配色"需要"与貌相宜",与人的"生成之面"相配,同时还要与人的面容、体态、肤色、高矮、胖瘦、气质等要素相协调。这样才能达到穿着得体的效果,更好地衬托出穿衣者的气质风度,获得最佳的审美效果。李渔的这些审美观点对于今天的服装设计和穿衣时的"配衣"、"配色"仍然具有重要的指导意义。

三、艺术辩证

物质世界的辩证发展规律是对立统一的,对立统一的思想在艺术审美领域很早就有应用。处理好艺术创作和审美活动中的这些辩证矛盾,有助于实现人们所追求的和谐之美。历代艺术家和理论家的论述中所涉及的辩证关系数量较多,内容涵盖了艺术创作的各个方面,这里就几组较为重要的辩证关系做相应论述。

(一)虚与实的辩证

"虚"和"实"是中国传统思想中显示感性空间形态最基本的两个方面。从哲学的角度来看,可以将二者的关系理解为无限与有限。在老子的哲学体系中,"虚"与"实"就是"无"和"有"的关系。老子曾以陶器和居室的建造为例,阐明了"无"与"有"、"虚"与"实"的辩证关系,他曾写道:"埏埴以为器,当其无,有器之用。凿户牖以为室,当其无,有室之用。故有之以为利,无之以为用。"[①]这段话的意思是,将黏土用模型制成陶坯,烧制成陶器,虚空之处使器皿具有了存放东西的功用;在居室开凿门窗,虚空之处可让光线射入、空气流通、人员进出,从而使房屋具有了居住功用。有的学者认为老子的上述论点是"器物和空间造型的基本原理",在中国民族艺术设计中的地位和作用十分重要。

中国古代有一部关于造物设计和工艺技术的著作《考工记》,书中记载了一位木匠制作古乐器钟与磬的支架的故事,为后世提供了先秦时期造型艺术设计的书证资料。"钟和磬的声音本来已经可以引起美感,但是这位古代的工匠在制作笋虡时却不是简单地做一个架子就算了,他要把整个器具作为一个统一的形象来进行艺术设计。在鼓的下面安放着虎豹等猛兽,使人听到鼓声,同时看到虎豹的形状,两方面在脑中虚构结合,就好像是虎豹在吼叫一样。这样一方面木雕的虎豹显得更有生气,另一方面鼓声也形象

---

① 出自《老子》第十一章。

化了,格外有人情味,使整个艺术品的感染力就增加了一倍。在这里艺术家创造的形象是'实',引起我们的想象是'虚',由形象产生的意象境界就是虚实的结合。"①

虚实结合的设计手法在中国古代的乐器造型设计方面有很多范例,如湖北省博物馆收藏的战国中期的"虎座鸟架鼓",以两只虎形木雕为底座,立于虎背上的是两只正在引吭高歌的鸟形木雕,又将一面鼓悬挂于两只鸟的鸟冠上,这样使人伴随着鼓乐之声产生一种虎啸鸟鸣的联想。这种造型设计充分激发了欣赏者的想象力,使艺术品更加富有生命力和感染力。

图 1-2　虎座鸟架鼓

(二)动与静的辩证

"动"与"静"的辩证关系也是艺术辩证法的重要内容。"中国古代哲学认为,宇宙或大自然是一个永远充满生机、生生不息的世界。在这一世界之中,一切事物之间、每一事物内部都存在着彼此对立、互为转化的两种性质、功能与态势,处于永恒的运动变易转换之中。这就是阳阴及其流转。"②中国古代的艺术家和理论家十分关注"动"与"静"的辩证关系,对许多艺术作品的创作都有相关评述。例如,清代画家笪重光对山水之美曾做出了这样的评论:"山本静,水流则动;石本顽,树活则灵。"③山和水是园林中的重要构景要素,我国古代的园林景观设计者根据"山本静,水流则动"的原理,在选址时常选傍水之地,又通过人工运作,改变水的流动方式,借以造成动静交错的景观效果。

---

① 宗白华．美学漫话．武汉:长江文艺出版社,2008
② 彭吉象．中国艺术学．北京:北京大学出版社,2007
③ 出自笪重光《画筌》。

图 1-3　山水的动与静

除了园林造景,动与静的辩证关系在其他艺术创作领域也有巧妙的应用,在艺术设计过程中要恰当选取事物运动或变化过程中具有典型意义的瞬间形象,调动欣赏者的想象力,可以使原本静态的视觉形象在观众的心中"动"起来。例如,2008 年北京奥运会会徽图案"中国印·舞动的北京",便采用了中国独有的印章形式,将中国传统的篆刻和书法等艺术形式与运动特征结合起来,将"京"字幻化成一个向前奔跑着去迎接胜利的运动人形,这是将传统静态的篆刻艺术巧妙应用的典范。

图 1-4　传统篆刻与"舞动的北京"

(三)神与形的辩证

"神"与"形"在中国传统哲学当中,既相互区别,又相互联系。我国古代有很多著作对二者加以论述,《易传》中对"神"的论述很多,但尚未与"形"构成一对概念。《荀子》中写道:"形具而神生。"这里的"形"与"神"已经构成了一对概念。晋代开始,这二者开始用于艺术批评,多在画论、诗论、书论中出现。

东晋顾恺之提出"以形写神"的观点,自此,"神"与"形"的关系一直为历代艺术家、评论家所关注。宋代苏轼曾在《书鄢陵王主簿所画折枝二首》中说:"论画以形似,见与儿童邻。赋诗必此诗,定非知诗人。诗画本一律,天工与清新。"这说明苏轼并不赞成"论画以形似"的"唯形论",主张"诗画本一律",诗词也应该像画一样,重在传神达意。苏轼还称赞吴道子画的人物,"如以灯取影"般地"形似",人物的各种姿态"逆来顺往,旁见侧出,横斜平直"也都画得准确,人体各部分的比例好像经过计算一样,"得自然之数,不差毫末"。这说明,苏轼并不反对"形似",他主张以符合客观规律的真实作为"形似"的标准。

图 1-5　吴道子《天王送子图》(局部)

　　将"神"与"形"的辩证关系妥善处理,相互统一互渗,是中国民族艺术设计的一条重要原则。尤其是那些以人物为主题的艺术设计作品,更是十分注重"神"与"形"的关系,以求实现形神兼备的艺术效果。例如,天津"泥人张"彩塑艺术,极具中国民族特色,这一艺术形式继承了我国民间泥塑艺术的写实风格,又从中国画和戏曲艺术中吸取营养,创作出许多经典的泥塑作品。

图 1-6　天津"泥人张"彩塑作品

(四)情与景的辩证

"情"与"景"的关系也是古代艺术家、理论家一直探讨的问题,尤其在宋代,人们把"情"与"景"这对范畴突出地提了出来。南宋范晞文在提出了"景中有情"、"情中之景"、"情景相融而莫分"、"景无情不发,情无景不生",这些观点都强调了"情"与"景"是不可分离的,只有二者完美融合才能构成审美意象。清初的王夫之总结了历代的研究成果,提出了关于"情"与"景"关系的系统理论,他指出:"情者,阴阳之几也;物者,天地之产也。阴阳之几动于心,天地之产应于外。故外有其物,内有其情矣;内有其情,外必有其物矣。"[①]

若将"情"与"景"的辩证关系运用于艺术创造上,强调寓情于景,以情融景,也要注重景中含情,触景生情,使主观的生命情调与客观的自然景观交融互渗。这一思想对于追求"情景妙合"的园林景观设计具有重要的指导意义,正如清代钱泳所言:"造园如作诗文。"

宋代范仲淹在《岳阳楼记》中写道,洞庭湖畔的景色"朝晖夕阴,气象万千",登楼者的"览物之情"将会因景而异。如果是在"春和景明"的时节登楼观景,会产生"喜洋洋者矣"的情感,对于因受朝廷贬谪而"去国怀乡"之人,在"霪雨霏霏,连月不开"的时节登上岳阳楼,则会有一种"满目萧然,感极而悲"的情感,在两种不同景物环境中,登楼者一悲一喜的不同情感,体现的就是"景异则情移"的道理。这篇《岳阳楼记》中,借登楼者"触景生情"的感受,

图 1-7　洞庭岳阳楼

---

① 出自王夫之,《诗广传》卷一《邶风七》。

对园林景观所包蕴的"情"与"景"关系作了深刻的诠释，这对于我们的民族艺术创作具有一定的启示作用。

第二节　中国民族艺术与传统美学论说

中国的传统美学理论主要以哲学思想为基础，另外，在一些诗人、画家及其他艺术家所留下的作品及论述中也包含有丰富的美学思想。各种艺术门类之间互相影响，互相包容，形成了一套完善的美学体系，下面所介绍的是一些具有代表性和较强针对性的美学思想。

一、自然至美

崇尚自然之美是中国古典美学的传统之一。著名美学家朱光潜先生曾经指出："应用自然景物于艺术，似以中国为最早……在西方古代文艺作品中描写自然景物的非常稀罕。"[①]中国传统艺术很早就以自然景物为创作对象，即使是以人物为创作对象的艺术作品也逐步摆脱装饰的束缚，全力表现生动传神的自然人。

"自然至美"原为道家的美学观点，道家的代表人物庄子曾提出"天地有大美"，即自然界有最高境界的美。"自然至美"的观点也逐渐被儒家美学所接受，儒家经典著作《易经》包含了丰富的美学思想，许多内容都强调事物应归于自然本色。此后的众多文人学者都阐述了对"自然至美"的理解，并应用于各种形式的艺术门类当中。

中国古典园林艺术设计十分重视发掘大自然的山水之美，力求不落人工斧凿的痕迹，采用高超的结构布局和造园手法，从而达到"宛若天成"的审美境界。明代的计成就曾提出："园林惟山林最胜，有高有凹，有曲有深，有峻有悬，有平而坦，自成天然之趣，不烦人事之工。"[②]

以自然山水作为母本构筑园林，是计成造园理论的基本观点，这也成为了中国古典园林设计的一大特色。自然山水"自成天然之趣"，人们能够从

---

① 朱光潜．朱光潜谈美．北京：金城出版社，2006
② 出自明代计成《园冶·相地》。

原生态的大自然中获得愉悦之感,实现陶冶情操的目的。另外,选择自然山林造园,还可"不烦人事之工",节省建造的成本,因而这种园林设计思想深入人心,历来备受推崇。

二、主客合一

中国传统美学中涉及的一个重要问题是如何处理作为创作原料的客观对象与作为创作主体的本人之间的关系问题。传统美学历来强调两者的对立统一,认为艺术创作之美在于主体与客体的相融合一,并以达到主客两忘、情景互化的地步作为艺术审美的最高境界。

在传统艺术中,"主客合一"更多地体现于"不离自然感性而又超越自然感性"的艺术创作过程,在这一方面中国古代学者曾提出过许多深刻的见解。例如,北宋著名文学家、书画家苏轼,在思想上是以儒家为主的"三教合一"论者,他曾在《文与可画贫笃谷偃竹记》中描写了文与可画竹的情景,深刻分析了创作主体的"画竹者"与创作客体"竹子"之间的关系,这一观点在苏轼的诗中有明确的描写:"与可画竹时,见竹不见人。岂独不见人,嗒然遗其身。其身与竹化,无穷出清新。庄周世无有,谁知此凝神。"①苏轼在借用《庄子》中南郭子綦悟道时"仰天而嘘,嗒焉似丧其耦"的故事,说明文与可在画竹时不只是忘掉了自己,而且在情感上将自己与竹子融为一体了。这种状态下画出来的竹子,显然就不仅是竹子外在形象的写照,同时也是文与可精神情感的表达。

清代的郑板桥对苏轼评论文与可画竹时所提出的"成竹于胸"又作了进一步的阐释,他提出"眼中之竹"、"胸中之竹"与"手中之竹"的区分,是对苏轼"成竹在胸"命题的深化。"眼中之竹"是在光影露气中浮动的自然之物,是艺术创作的客体,能够激发创作主体的感受,形成"胸中之竹",再经过落笔即墨,以画家之手展现出来的绘画形象即为"手中之竹"。在这一艺术创作过程中,主客体之间高度融为一体,最终成为艺术作品中的艺术形象。

---

① 出自宋代苏轼《书晁补之所藏与可画竹二首》。

图 1-8　郑板桥的竹子

三、气韵生动

"气韵生动"是中国传统美学当中的重要概念,这一美学命题最早出现于南朝画家谢赫的《古画品录》一书当中,书中论述了绘画的六种方法,并将"气韵生动"列于首位。"气韵生动"美学命题的产生和形成,与中国传统哲学思想有着内在的逻辑联系,同时也是中国艺术的历史发展和中国艺术的精神追求的具体体现。

谢赫的功绩在于提出了"气韵生动"的观点,但他并未做出详细的解释,后代的艺术家和理论家对这一命题做了进一步的诠释。在"气韵生动"这个命题中,"气韵"二字极为关键,有了"气韵"就有了生命,艺术形象就鲜活生动了。至于"气"与"韵"的关系,通常认为"气"是"韵"的本体和生命,"韵"是由"气"决定的,没有"气"也就没有"韵",二者是密不可分的。气韵兼举是艺术家和艺术作品应当追求的目标,但由于创作主体的个性差异,艺术创作可能侧重于气,或侧重于韵,这也使得艺术世界千姿百态、异彩纷呈。然而,还需要注意,侧重于气或侧重于韵并不代表缺少其中的一方面,气韵作为有机统一体,都是不可或缺的。

"气韵生动"对于中国传统艺术的影响是十分巨大的。从殷周的青铜器到秦代的兵马俑,再到汉代气势磅礴、富于力感的雕塑,都表现出一种阳刚之气。自六朝始,"气韵"二者更好地融入到艺术作品当中,逐渐成为中国传统艺术的核心范畴之一。

图 1-9　气韵生动的雕塑

四、艺术境界

"艺术境界"的美学思想具有鲜明的中国民族特色,这一理论最早出现于唐朝的王昌龄,皎然、刘禹锡、司空图对这一理论的丰富完善做出了独特的贡献。"意境"这一概念最早出现于王昌龄关于"诗有三境"的论述中:

"诗有三境。一曰物境:欲为山水诗,则张泉石云峰之境,极丽绝秀者,神之于心,处身于境,视境于心,莹然掌中,然后用思,了然境象,故得形似。二曰情境:娱乐愁怨,皆张于意而处于身,然后弛思,深得其情。三曰意境:亦张之于意而思之于心,则得其意矣。"①

唐代中期,诗僧皎然认为"意境"具有虚实结合而实质为虚的特点,逐渐认识到了"意境"的本质。唐代文学家刘禹锡在《董氏武陵集纪》中又提出了"境生于象外"的观点,深刻地揭示了"意境"的本质特征。他认为"意境"的妙处就在于由象内通向象外,从有限中见无限。唐末诗人司空图的"象外"之说较刘禹锡又有新的发展,他认为好诗应该是"象外"还有"象","景外"仍有"景",这种"象外之象,景外之景"远比诗歌里所描绘的景象广阔和丰富。

"意境"是中国民族艺术所追求的美学极致,注重表现在文学、绘画和古典园林设计领域。诗歌、绘画的意境是借助于语言、线条和色彩,园林的意境则是借助于实际景物。园林的意境与诗境、画境在美学上有共同之处,即追求"境生于象外",要求在有限中见出无限,给予游览者更加丰富的审美感受。

---

①　出自唐代王昌龄《诗格》,见《诗学指南》卷三,乾隆敦本堂刊本。

中国古典园林的设计者常常采用多种手法来布置空间,组织空间,创造空间,以形成独特的园林意境,例如借景、分景、隔景等等。另外,园林艺术意境的产生,也是虚实的结合,情景的结合。既要有景,也要有"声"、"影"等景外之景。月影、花影、云影、树影,风声、雨声、鸟声、水声……这些虚景,在构成园林的艺术意境中具有重要的作用。例如,为了体现能产生听觉美感的虚景,往往在景观设计上有意制造一些"听景"环节,如溪流声、瀑布声、雨声等,根据唐代诗人李商隐的诗句"留得枯荷听雨声"创造出来的"枯荷"景观,让人获得了"听雨"的审美享受。

图 1-10　留得枯荷听雨声

第二章　中国民族艺术的特征与符号研究

中国民族艺术凝聚着中国的民族精神,传承着中国的文化传统,体现了中国民族风格。本章将从中国民族艺术的特征入手,研究中国民族艺术的符号表达。

第一节　中国民族艺术的特征研究

中国民族艺术主要有以下四个方面的特征。

一、文化趋同性

文化是在人类从适应到利用、改造自然环境的过程中形成、发展的。人类历史是一个文化融合的过程。在史前时代,每一个地区,甚至每一个村落,都有自己独特的文化特征。逐渐接触之后,许多地域性的文化最终融合为几个主要的文化。虽然每一个主要文化的内部,仍旧不免有小异之处,而在一个大文化的笼罩地区内,若干生活规范及思想方式总有其一致性。文化和文化之间终究会有交流、接触的机会,那时观点的分歧、生活方式的不同,就会造成彼此之间有所取舍的情形,这就是文化的趋同性。中国民族艺术,包括中国民族书画艺术、中国民间工艺、中国民族雕塑和中国民族音乐艺术等,同样受到文化趋同性的影响。

二、地域性

人类自产生以来,总是以部落(氏族)、家庭或家族的形式集体聚居生活于某些地域空间。人类文化活动也产生、发展于一定的地域空间,必然与地理环境息息相关。从这个意义上说,文化是人类社会对属于它们的那部分地域环境加以组织、利用和加工的结果。也就是说,在一定的地域空间中,人、文化、环境共同构成了人类活动的地域文化系统。在这个系统中,人、文化、环境是三位一体的有机整体,系统地相互作用着。由于人类这种生存特点,在语言、文化、风俗、习惯、信仰等方面形成了某些恒定的结构,并一代一代传承下来。作为一种文化形态,文化的生态性决定了中国民族艺术明显的地域性特征,它的生存和发展与区域性的自然环境、社会环境、经济环境及文化环境密切相关。①

中国民族艺术史融合在具体的民俗生活中的,因而每一种艺术形式的产生、发展、传播都要受某一特定地域内地理、气候、物产等自然因素和人文因素差异的制约,就地取材、因地制宜,利用当地资源进行民族艺术的创造,由此而创造出具有独特地方风貌的作品,并稳定地在此地流传。

地域性特征是人类文化所共有的主要特征之一。地域性的社会文化传统塑造着地域内居民的文化性格,制约着民众的生活习俗,构成了丰富多彩的人类文化。中国民族艺术作为造物的艺术,这种特征尤为明显。

三、传承性与创新性

中国民族艺术是在传承的基础上吸收、创新和发展,并且记录了每个时代的特点。中国是一个相对比较封闭的农业大国,几千年的封建统治和生产力水平的不平衡发展形成了它特殊的文化生态环境。关于对待传统的问题,西汉编撰的《淮南子·氾论训》曾经有过如下论述:

"苟利于民,不必法古;苟周于事,不必循旧……衣服、器械各行其用,法度制令各因其宜。故变古未可非,而循俗未足多也。"这段话首先提出了总的原则:如果是于民有利的,则不必效法古制;如果是符合事理的,则不必因循守旧。至于衣服、器械(的设计制作)则各以便利适用为目的;法令制度(的制定)则各以切合实际为原则。所以,改变古制未必应当责备,而因袭旧俗未必值得称赞。《淮南子·氾论训》的这段论述表明,古人对于古制、旧俗等传统的东西已能有一个较为科学、客观的态度,其中所蕴含的思想和原则对于今天而言仍然具有启迪和指导作用。

中国民族艺术得以发展的一个重要动力和源泉,就在于传承与创新的动力统一。如果不能很好地传承中国传统文化的精华,中国民族艺术就难以实现可持续发展;如果不能坚持再创新,而是满足于复制、翻版,中国民族艺术也将丧失生命活力。在当今时代背景下,如何处理传承与创新的关系,是我们必须面对的一个重要问题。

---

① 王彦发．中国民间美术概论．郑州:海燕出版社,2011

四、民族性与时代性

中国民族艺术既具有中国传统文化的内涵和浓郁的民族风格,又随着时代的变迁和发展而具有鲜明的时代特色。民族性与时代性的有机统一,是中国民族艺术重要的审美特征。首先,中国民族艺术具有鲜明的民族性,它植根于中国传统文化的土壤,具有中国民族文化的内涵和特征。当然,中国民族艺术还具有鲜明的时代性,它总是体现着特定时代、特定社会的精神和理想。

坚持民族性与时代性相统一的原则,必须将民族精神与科学精神很好地结合起来。民族精神是民族艺术的灵魂,而科学精神则是民族艺术不断发展的动力和源泉。科学是不断发展的开放体系,科学精神是一种不断创新进取的精神。科学技术的进步必将促进民族艺术的发展,新型材料的出现、技术水平的提高,都会在民族艺术作品中体现出来,从而使其具有鲜明的时代特色。

民族性与时代性的统一,还体现在民族艺术的风格必须顺应历史的进程、时代的精神,主动地、有选择地吸收其他民族文化所提供的新文化因素和信息,使之成为自我更新和自身发展的新起点,从而以适应时代发展的形象更好地展示自己的民族风格。只有这样,中国民族艺术才能永远保持旺盛的生命力。

第二节　中国民族艺术的符号表达

一、图腾类符号表达

在中国古代历史上,龙、凤、麒麟等神异动物的出现,都和原始的图腾[①]崇拜有关。然而,随着时间的推移和时代的发展,这些神异动物形象已完全超越了原始图腾文化的内涵,成为中国民族艺术的一种象征性符号。

---

① "图腾"系印第安语 totem 的音译。在原始社会,图腾被视为氏族的神圣标志和保护神,从而受到人们的崇拜。

(一)龙

龙是古代传说中一种有麟角须爪能兴云作雨的神异动物。在古代神话中,女娲与伏羲被尊为中华人祖,他们都是龙的化身,其子孙后代也就自然成为龙的传人了。在中华民族几千年的文明史上,龙始终起着统一信仰、加强民族凝聚力的纽带作用。它那真实而又虚无的形象,成为华夏儿女的民族信念和精神象征。

龙作为图腾崇拜的产物,被封建统治阶级所利用,自汉代开始逐渐形成了一种宫廷龙文化。历代皇帝都喜爱以"龙"自喻:皇帝的身体称为龙体,穿的袍子称为龙袍,坐的椅子称为龙椅……甚至作为装饰图案的龙纹,也为封建统治阶级所垄断,禁止民间使用。

在平民百姓的心目中,龙是主宰雨水的神,具有通天、好飞、喜水、征瑞等特性,成为中华民族最主要的吉祥物之一。龙作为一种艺术形象,不但是历代画家的创作对象和表现主题,也是中国民族艺术中一种标志性很强的元素;不但在中国古代的宫殿、坛庙等传统建筑及器物上常见,而且也时常出现在一些具有中国民族特色的现代艺术中。龙纹图案作为一种装饰性纹样,常采用双龙、四龙、六龙、九龙、龙凤、云龙、云龙牡丹等组合方式。①

(二)凤

凤是"凤凰"的简称,是古代传说中的百鸟之王。雄的叫"凤",雌的叫"凰",通称为"凤凰"或简称为"凤"。它的形象是一只有冠、长羽、卷尾的鸟形。从有关历史文献来看,传说中的"凤"可能是以孔雀为基本母体并综合雉鸡、绶带鸟、燕子等一类飞禽而构成的形象。

---

①　历代的龙纹造型不尽相同,至明清时期才逐步定型,有行龙、团龙、正龙、蟠(盘)龙、坐龙、升龙、降龙等结构形式。龙纹的形象造型以蛇躯为主体,广摄兽、鱼、禽等多种动物的局部特征,又做人性化的细节描写,使龙纹不仅呈现出威严震慑的阳刚之美,而且具有丰富广泛的文化内涵和复杂多重的社会属性。明清两代不同时期的龙纹造型各有特色。例如,明代龙纹之龙头上的毛发,大多从龙角一侧向上高耸,呈怒发冲冠状。其中,明中期之前多为一绺毛发,明晚期多为三绺毛发。龙的眉毛在明万历以前大多眉尖朝上,万历之后则大多朝下。清朝康熙年间的龙纹,龙头呈披头散发之状。乾隆年间的龙纹,龙头顶上有七个圆包,正中的一个稍大,周围的略小。龙爪在清康熙以前多为风车状,乾隆时期龙爪开始合并。应当指出的是,龙作为一种传说中的神兽,其形象造型全凭人的想象,艺术创作过程中的创意有时并不完全符合上述归纳的所谓"特点",因此在同一个历史时期出现特色不同的龙纹造型也是完全可能的。现代设计中的龙纹造型,大多比较简约,虽为传统形象,但富有现代气息。

凤与龙一样,只是一种被神化的吉祥动物。数千年来,凤作为一种祥瑞、美好的象征,渗透到中华民族的神话、诗歌、艺术以及民族心理等各个方面,深刻地影响着中国古代先民的精神文化生活,并逐渐成为中国民族传统文化的一种象征性符号。

(三)麒麟

麒麟,亦作"骐辚",是古代传说中的一种动物。《礼记·礼运》曰:"麟凤龟龙,谓之四灵。"在古人心目中,麒麟是仁瑞圣德之神兽。多作为吉祥的象征,亦借喻杰出的人。相传在孔子降生之前,其母曾梦见一头麒麟从口中吐出一方帛,帛上所书文字表明即将降生之子并非凡人。这便是"麟吐玉书"的故事,以及后来的民间传说"麒麟送子"的出处。麒麟和龙、凤一样,都是古人对身外世界的敬畏、崇拜的产物,也是古人向往理想社会及幸福祥和生活的一种体现和寄托。

图 2-1   徽州民居"麒麟送子,喜鹊报喜"

二、文字类符号表达

汉字是世界上最古老的文字之一,是中国民族历史文化的重要载体。一些具有吉祥寓意的文字,其各种变体或书法形式具有很强的装饰性,常作为一种元素应用于中国民族艺术中。其中,历史悠久、应用较广的吉祥文字有福、禄、寿、喜等。

(一)福

"福"字是一个常用汉字,意为福运、福气。古人云:"全寿富贵之谓福。"自古以来,人们对福孜孜以求,并把日常生活中的美好事情都冠以"福"字。

比如:好地方称为"福地",好消息称为"福音"等等,凡此种种都反映了世人对福的祈求渴盼。"福"字作为一种元素,可直接装饰在适当的客体上。例如,一些古民居的门楼或厅堂门口对面通常砌有一段独立的横墙以起屏蔽作用,称为照壁或影壁。在照壁的正中位置往往有一"福"字,表示祈福辟邪之意。有时,也可将"福"字置于厅堂正中的显眼位置或者室内的屏风等处。

(二)禄

"禄"字的本意,一是福,古人云:"禄,福也。";二是指古人官吏的俸给,如俸禄、食禄。① 在明代,禄星又被赋予了一个全新的角色——送子的神仙。这样,禄星既是古代读书人顶礼膜拜的科举考试神,又是普通百姓心中的送子神仙,从而成为福禄寿三星中不可或缺的一个吉祥之神、幸运之神。在民间习俗中,对于禄神的崇拜主要表现于新年贴禄神年画的习俗。在民族艺术设计中,"禄"字很少单独出现,往往是福禄寿三星同时出现在一个寓意图形中,象征着吉祥喜庆、富贵荣华、福寿康宁的吉意。

(三)寿

"寿"字,意为寿命、年岁长久。《庄子·盗跖》称:"人,上寿百岁,中寿八十,下寿六十。"俗话说:"寿居五福之先",人生的一切享受都建立在拥有生命的基础上。对长寿的祈求和渴望,注入到社会生活的方方面面,从而形成了我国独具特色的寿文化。

以繁体"寿"(壽)字为基础,利用其不同字体(如篆体)和变形而构成的吉祥字纹,作为一种装饰性很强的元素,在民族艺术中得到了广泛的应用。

(四)喜

"喜",是个会意字,从其最初的甲骨文字形来看,是由上面一个鼓形与下面一个口形组合而成,表示喜庆之时开口大笑,寓"快乐""高兴"之意。②

"喜"字有两个变形,一是"禧",二是"囍"。"禧"字,原意为祭祀神明以求福祉,后来引申为幸福、吉祥之意,常见"年禧""恭贺新禧"等用法。"囍"

---

① 高官厚禄一直是封建社会士人梦寐以求的目标,尤其是在隋唐以后,随着科举制度的兴起,有了禄位便有了一切,便可尽享荣华富贵。因此,在民间百姓家中供奉福、禄、寿三星,往往把禄星放在正中,福、寿二星拱卫左右,可见禄在人们心中的重要地位。

② 《说文解字》里说:"喜,乐也。""乐",即"快乐""高兴"的意思,这是"喜"字的本意。当"喜"字用作动词时,表示"喜爱""爱好";当"喜"字用作名词时,又表示"可庆贺的事情",如沿用至今的"贺喜""道喜"等用法。

本来不是一个字，是由两个"喜"字连在一起而组成的吉祥字符，象征着喜上加喜、双喜临门，多用于婚庆场合。①

在民族艺术中，"喜"字作为一种符号，既可以单独出现，也可以与其他吉祥图案（如鸳鸯、喜鹊等动物，梅、竹等植物）组合在一起出现，其常见的艺术表现形式有剪纸、木雕等，如图 2-2 山西民居的"喜"字木雕。

图 2-2　山西民居的"喜"字木雕

三、图案类符号表达

（一）纹饰图案

1. 如意纹

关于"如意"的来源，有说法认为是源于一种将竹木棒一端雕成手形用来搔背的工具，还有一种说法认为是自印度传入的佛具之一，梵语称作"阿那律"，译成汉语为"如意"。后来，如意的头部被改成灵芝形或云朵形，用金、玉、骨、象牙等材料雕刻而成，遂成为达官贵人的珍贵玩物。灵芝本是一种真菌，可供药用，具有益精气、强筋骨、滋补强壮、扶正培本的功效。在中国古代民间，将灵芝视为仙草，传说服之能起死回生、长命百岁甚至羽化登仙，因此以灵芝为头的"如意"也就成为一种象征祥瑞的器物，如图 2-3 雕有"灵芝纹"的红木供桌。

---

① 相传，"囍"为北宋政治家、文学家王安石所创。王安石在结婚当日接到金榜题名的喜报，为庆贺喜上加喜，遂提笔在红纸上写了两个斗大的喜字，连成"囍"贴于门上。从此，贴红双喜字就作为结婚喜庆的吉祥标志流传开来。

图 2-3　雕有"灵芝纹"的红木供桌

2. 云纹

　　古代以农耕为主,全靠雨露滋润,无云便无雨,无雨干旱则无收成,因此古人由求雨转而敬云。以云为题材的纹饰图案称作"云纹",具有敬天、高升、如意等吉祥寓意。云纹的常见形态有:钩云、如意云、四合云、流云以及云水纹等。其中,钩云纹是因单个云纹形似两端同向内卷的钩而得名,其图案可由若干单个云纹整齐排列或相互穿插勾连而成;如意云纹是指单个形似如意头的云纹,亦可排列使用;四合如意云纹的形态特征是,四个如意头绞合在一起,上下左右各有云尾;云水纹是由云纹和水纹组成的复杂纹样。

　　云纹作为一种设计元素,常与龙纹、蝙蝠纹、八仙纹、八宝纹等配合使用,大多用作青铜器、玉器、瓷器、家具等器物的装饰纹样。在中国民族艺术中,云纹依旧得到了广泛应用。

3. 回纹

　　回纹是已有三千余年悠久历史的传统纹饰图案,系由古陶瓷和青铜器上的云纹、雷纹、水纹等衍化而成。回纹简洁清晰、典雅规整,具有绵延长远、安宁吉祥等寓意。回纹的一种传统形式是:用单线或双线自中心向外连续做若方若圆的回旋,其中圆形者曰云纹,方形者曰雷纹,故称之为"云雷纹"。云雷纹是古代人对于云神、雷神的原始崇拜产物,常见于商周时期的青铜礼器以及我国南方一些少数民族地区的铜鼓上。随着时代的变迁,回纹的纹样形式逐步规范,发展成为有单体、双线、一正一反相连成对或连续不断地折绕成回字形的带状纹样等多种形态。回纹图案灵活、庄丽大方,由于具有"一线到底"的特点,故有长远绵连之寓意。在织锦中,常把回纹做四方连续组合,民间称之为"回回锦",寓有福寿吉祥、绵连长远之意。

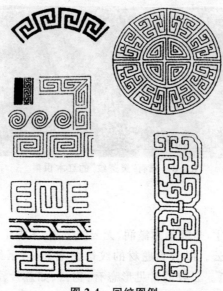

图 2-4　回纹图例

4. 盘长纹

　　盘长纹的基本形式是中心模拟绳线作编织状，外廓近似菱形，不论图形多么曲折复杂，都是用一根线贯彻始终而成，且其造型的上下左右都对称，正反相同，首尾可接，无终无止。"盘"字本身有"回旋"之意，且"盘"与"蟠"相通，有回绕、屈曲之意；"盘"还与"磐"相通，有坚固之意。因此，盘长纹常用来表示友情、亲情、爱情的盘回流长、坚如磐石、持久永恒。据《易·系辞》载："上古结绳而治，后世圣人易之以书目契。"东汉经学家郑玄也在《周易注》中写道："结绳为约，事大，大结其绳，事小，小结其绳。"在远古时期，"结"被先民们赋予了"契"和"约"的法律表意功能，同时还有记载历史事件的作用。由于"绳"与"神"读音相近，而盘曲之态的绳有些像龙，所以史前时代的龙的传人便以绳结的变化来表现龙神的形象。因为"结"与"吉"谐音，于是绳结便被赋予了吉祥寓意，作为一种特殊的文化符号流传至今。①

----

　　①　用绳编织成盘长纹状的结，即为盘龙结，俗称"中国结"。中国结既可作为一种挂饰，也可用作服饰（如盘扣），作为可辟邪免灾的祥瑞之物，寄托着人们企求吉祥如意、大吉大利的美好愿望，在中国民间得到广泛应用。

图 2-5　盘长纹图例

5. 缠枝纹

缠枝纹，是一种以藤蔓、卷草为基础提炼而成的传统纹饰图案。缠枝纹通常是以藤蔓等植物为骨架，向上下左右四面延伸，枝茎上缀以相应的花卉和枝叶，像蔓草一样滋生缠绕，循环往复，延绵不断；另有一类缠枝纹的枝条呈连续波状，其上缀以花卉和枝叶，花叶疏密有致，形态委曲多姿，极富动感，生动优美。缠枝纹利用具有生命力的线条和空白的交替、补充、融合，在人的视觉上造成生动、丰富、充实的效果，形成一种强烈的美感和视觉冲击力。

缠枝纹起源于汉代，盛行于南北朝、唐、宋、元和明、清时期。缠枝纹因其枝缠叶绕，循环往复，变化繁多，连绵不断，故有"生生不息"之意。常见的缠枝纹构成形式有"缠枝莲""缠枝菊""缠枝牡丹""缠枝葡萄""缠枝石榴""缠枝百合"等等。

(二)太极图

"太极"一词始见于《周易·系辞上》："是故易有太极，是生两仪，两仪生四象，四象生八卦。"这里的"太极"是派生万物的本原，属中国传统哲学范畴。"八卦"是《易经》中的八种基本图形，分别代表天、地、雷、风、水、火、山、泽等自然界的八种事物。太极和八卦反映了古人对现实世界的朴素认识，对中国古代哲学的发展产生了重要的影响。

在中国民族艺术的发展史上，太极八卦观念一直是艺术造型的哲学基础。早在新石器时代，从半坡型彩陶到马家窑文化时期彩陶，再到屈家岭文化时期的彩陶纺轮，从以旋转的鱼表现运动，逐步简化成以对比色统一在一个圆中构成各种旋纹，最终渐渐发展成双鱼旋转的圆形太极图之雏形。太极图的规范形式是在一个圆形中，以单纯的黑与白两种颜色，运用扭曲回旋的双关线，把画面分成阴阳交互的两级，围绕中心抱合而成。圆形的太极图好像是由两条鱼的鱼头鱼尾互相环抱而构成，其中一条为白眼的阴鱼，另一条为黑眼的阳鱼,故称之为"阴阳鱼"。两条鱼阴阳交错,互抱互回,循环不已,相互依存、相互制约地共处于一个有机整体"太极"里。负阴抱阳的太极图反映了古人对宇宙万物运动规律的认识,是中国传统文化的一个标志性符号。

(三)脸谱图案

脸谱的历史渊源可以追溯到中国上古时期的宗教祭祀和民间祭祀舞蹈所使用的面具。到了唐、宋时期,除继续使用面具外,还出现了以涂面化妆的方式来表现鬼神形象的舞台技艺。随着时代的发展,面具在戏剧表演中的应用逐渐减少,勾画脸谱则成为大多数剧种的主要化妆手段。元代是我国戏曲繁荣发展的黄金时期,这一时期的脸谱艺术也获得了重大发展。至明清时期,随着地方戏的兴起,脸谱艺术的发展进入了一个新阶段,不但谱式多样、图案更加复杂多变,而且也能更好地表现人物的性格特征。中国戏曲脸谱发展至今,不但形成了一定的规律和方法,具备了程式化的特征,而且针对不同的剧种发展成为各具特色的通用谱式图案体系,成为中国民族传统文化的重要内容之一。

脸谱是一种装饰化的图案,它将点、线、形、色有机地组合起来,以鲜艳的色彩、优美的造型和夸张变形的手法,醒目而传神地表现戏剧人物的外部形象和性格特征,体现了中华民族的审美创造精神。

四、植物类符号表达

中国民族艺术中,植物类的符号以梅、兰、竹、菊、莲、葫芦及桃为代表。

(一)梅

梅是一种原产于中国的落叶乔木,早春开花,花瓣多为 5 片,果实(梅子)可食用也可供药用,为我国的传统名花之一。梅花的五个花瓣,常用来象征"五福吉祥"。梅花不畏严寒,傲雪而开,常被人们用来象征刚强、高洁、坚贞不屈的高尚品格。自古以来,以梅为主题的文学艺术作品层出不穷,形成了源远流长的梅文化。梅花所代表的高洁坚贞、百折不挠的品格特征,被视为中国民族精神的象征。

(二)兰

兰,亦称"兰花",是一种多年生草本植物,一般在早春由叶丛间抽生出数花葶,每葶顶部开一花,花淡黄绿色,幽远清香。野生兰分布于南部和东部地区的山坡林荫下。很古时即成为盆栽观赏植物之一。兰的形态简单朴素,气质高雅而又文静,其花淡雅幽香,深受人们的喜爱。古时民间有佩带兰花以辟灾祸的习俗。兰花生于深山幽谷之中,洁身自好,无人自芳,古人常用它来比喻自甘淡泊之美人,穷困自爱之隐士,修道立德之君子。兰花作为一种传统文化符号,自宋代以来常与梅、竹、菊共同构成花中"四君子"的艺术形象,以绘画等形式加以表现,象征着纯洁、友情、虚心、正直、贞操、气节等高尚品质和道德情操。①

(三)竹

竹,属禾木科,多年生,秆木质化,有明显的节,节间中空。由于竹子节坚心虚,清秀素洁,常用来比喻人的正直、虚心、清高、自洁的精神风貌;又由于竹子经霜雪严寒而不凋,故与松、梅一起被称为"岁寒三友"。自古以来,竹子深为中国古代文人雅士所钟爱,从而形成了独具特色的竹文化。在中国传统民俗文化中,竹子承载了多重的民俗意象和功能,成为纯洁爱情、子孙繁盛、家庭幸福的象征。此外,由于竹子节节向上生长的特性,又被赋予了"节节高升"的象征意义。竹子既是用途极为广泛的花木之一,也是与人们日常生活极为密切的一种传统文化符号。

(四)菊

菊,通称"菊花"。是一种原产中国的多年生草本植物,秋季开花,品种很多,在我国约有两千多年的栽培历史。菊花千姿百态,颜色与形状因品种而异,不但具有极高的观赏价值,而且具有良好的食用、药用价值。由于菊花是在秋季开放,而此时正是群花凋谢之时,唯有菊花在秋霜中傲然绽放,其冷艳高洁、傲岸不屈、坚贞刚毅的品格,受到人们的普遍赞赏,并因此与梅、兰、竹一起被称作花中四君子。历史上,以菊花为主题的文学艺术作品不胜枚举,形成了一种具有独特风格和深邃内涵的菊文化。

(五)莲

莲,亦称"荷",是一种原产于中国的多年生水生草本植物。夏季开花(即"荷花"),花谢后形成果实"莲蓬",内生多枚坚果(俗称"莲子"),其地下

---

① 此外,还有一种产于中国的观赏植物,称作"玉兰"。它属木兰科落叶小乔木,早春开花,花形较大,色白如玉,花香如兰,故名"玉兰"。玉兰因其色泽纯洁,香气馥郁,古人以"皎皎白玉兰,不受缁尘垢"来形容它。在中国民族艺术设计的发展史上,以玉兰为题材的装饰纹样也较为常见。

茎的膨大部分称"藕"。"莲"原指其果实,后来其花和果实都泛称为莲。莲既具有很高的观赏价值,又具有食用和药用价值。莲的根部深入到水底淤泥中,而花却显于水上,仰含清露,俯灌素波,清雅秀丽,犹如出浴美女、凌波仙子。莲因其"出淤泥而不染,濯清涟而不妖"的高洁品格,而受到人们的普遍喜爱,常用以比喻不染俗尘的高尚品德。

(六)葫芦

葫芦,别称"蒲芦",一年生攀缘草本植物。果实因品种不同而形状多样,大多中间细,上、下部膨大,像大小两只连在一起的球,可用作容器(如水瓢)。葫芦因其形体上的相似而被古人当作母体崇拜的喻体。葫芦藤蔓绵延滋生,象征顽强的生命力,寓意人类繁衍、子孙昌盛。在我国的一些少数民族地区,流传着一些关于葫芦的优美神话和传说,至今仍有与葫芦崇拜相关的民间信仰。葫芦(蒲芦)与"福禄""护禄"谐音,迎合了人们求禄祈福的美好愿望,从而成为具有"福""禄"等吉祥寓意的传统文化符号。

(七)牡丹

牡丹,属芍药科落叶小灌木,初夏开花,大型单花,有白、红、紫诸色。牡丹原产我国西北部,已有一千五百余年的栽培历史,为著名观赏植物。唐代曾有诗云:"国色朝酣酒,天香夜染衣",用"国色天香"来形容牡丹的香色可贵、非同一般。在中国,牡丹素有"百花之王"和"花中之冠"的称号。历代文人雅士创作了大量赞美牡丹的诗歌辞赋,牡丹的形象也成为绘画等创作的常见主题。

(八)桃

桃,蔷薇科落叶小乔木。原产中国,花色艳丽,为重要观赏树种,并具有很高的食用和药用价值。桃于春季开花,故一般以桃花盛开、燕子双飞,代表春意盎然之意。在中国有许多关于桃的神话故事和传说,一是以桃为仙界之物,二是认为桃具有辟邪功能。因此,我国自古以来一直将"桃"视为辟邪免灾的吉祥象征。在民间,还有以"桃"来象征长寿的传统习俗。

五、动物类符号表达

(一)喜鹊

喜鹊,亦称"鹊"。上体羽毛黑褐,具有紫色光泽,其余部分白色。尾长,栖止时常上下翘动。喜鹊是深受中国人民喜爱的一种吉祥鸟。五代时期文学家王仁裕在《开元天宝遗事·灵鹊报喜》中写道:"时人之家,闻鹊声皆为喜兆,故谓灵鹊报喜。"可见,喜鹊作为一种报喜鸟,已具有悠久的历史和广泛的社会基础。"喜鹊叫,喜事到"是中国民间广为流传的俗语。因此,喜鹊形象自然而然地成为一种具有喜庆寓意的文化符号。

(二)鸳鸯

鸳鸯,是一种形体像野鸭的鸟,但体形略小。善游泳,飞行能力强。雄鸟羽毛绚丽多彩,最内两枚三级飞羽扩大成扇形而竖立;眼棕色,外围有黄白色环;嘴红棕色。雌鸟稍小,背部羽毛苍褐色,腹部纯白。鸳鸯是雌雄成对生活,如果"人得其一,则一必思而死,故谓匹鸟"(汉·伏无忌《古今注》)。在中国民间,常以鸳鸯这种成对成双、形影不离的特点,来比喻专一的爱情和美满的婚姻。

(三)鹤

鹤是一种大型涉禽,嘴细长而直,颈和腿都很长,翼大善飞,适于在沼泽及浅水中涉行。古代传说鹤是长生不老的仙禽,骑着它可以与神仙相会,故谓之"仙鹤"。在中国传统民俗中,鹤象征着长寿永生、长寿祥瑞,是一种具有生命崇拜色彩的传统文化符号。

鹤的形象华丽秀美,鹤纹图案寓意吉祥,在中国民间深入人心。在传统的民族艺术中,鹤纹还常与鹿纹组合在一起,构成具有吉祥寓意的鹿鹤纹,常见的构成方式有两种:第一种是利用"鹿鹤"的谐音"六合",由鹿与仙鹤构成的"六合同春"图形。"六合"指天、地、四方,"六合同春"意寓天下太平、万物欣欣向荣。第二种是借助"鹤"与"贺"同音,"鹿"与"禄"谐音,构成贺人仕途高升的"贺禄"吉祥图案。

(四)鱼

鱼是一种水生脊椎动物,用鳃呼吸,卵生。鱼腹多子,繁殖能力很强。古人对鱼的崇拜,是由生殖崇拜发展而来的。鱼儿旺盛的生殖能力,迎合了人们多子多福、人丁兴旺的传统观念和愿望。在中国传统民俗中,鱼作为生殖之神、司雨之神而受到人们的崇拜。由于生儿育女与婚姻的幸福美满密切相关,因此鱼被赋予幸福、美满的象征意义;因为风调雨顺是农业丰收、生活富裕的重要前提,而"鱼"音与"余"相谐,所以鱼又被赋予富足、富裕的含义。在中国民族文化中,鱼是一种深受普通百姓喜爱的象征幸福、美满、吉祥、富裕的文化符号。①

鱼的形象作为一种文化元素，最早的发现是在西安半坡村遗址出土的五千多年前的人面鱼纹彩陶上的鱼纹图案。半坡彩陶的装饰纹样，以鱼纹最多，也最具代表性。这些鱼纹图案对于鱼的描绘展示了半坡先民们的写生变化能力，其对于鱼的形体描绘既形神兼备，又不拘泥于客观的摹写，如对于鱼鳞并不全用交叉的网线作直观的表达，而是用黑白对比的色块进行生动的概括，使之富有浓厚的装饰韵味（图2-6）。

图2-6　鱼纹图案（半坡型）

（五）蝙蝠

蝙蝠是一种具有飞翔能力的哺乳动物，头部和躯干像老鼠，趾间以及前肢与后肢之间有翼膜，常于夜间在空中飞翔。蝙蝠的视力很弱，靠本身发出的超声波来引导飞行。在传说中，蝙蝠是一种比较长寿的动物。由于"蝠"与"福"谐音，在中国传统文化中，蝙蝠便成了福气、幸福、长寿、吉祥的象征性符号。

（六）蝴蝶

蝴蝶，简称"蝶"，属昆虫纲，鳞翅目。有两对大翅膀，翅及体表有各色鳞片和丛毛，形成各种颜色美丽的花斑。蝴蝶的形象优美，受到中国各族人民的普遍喜爱，成为汉、满、回、苗、侗、水、藏、维吾尔、布依族等各兄弟民族广泛使用的装饰纹样。家喻户晓的民间传说"梁祝化蝶"，使蝴蝶的形象成为纯真爱情的化身，而"彩蝶双飞"纹也因此成为婚嫁用品的常用纹饰图案。

---

① 苗延荣．中国民族艺术设计．沈阳：辽宁科学技术出版社，2010

（七）龟

龟是一种爬行动物，能耐饥渴，生命力很强。龟的寿命可达150年以上，故成为长寿的象征，并因此有"龟龄鹤寿""龟鹤延年"等对老人的祝词。

龟的形象作为一种文化元素用于装饰图案，有着十分悠久的历史。汉武帝造币以龟为纹饰，使龟的形象进入到人们的经济生活中。唐代铜镜以龟纹为饰者，称为龟镜。龟镜亦称龟鉴，比喻借鉴，有借鉴往事、警戒自己的喻义。以龟背花纹为原型的龟背纹样，形式多样、装饰性强，在中国民族艺术中得到了广泛应用。

（八）狮

狮是原产于非洲和亚洲西部的一种哺乳动物。雄狮体魄雄壮，头大脸阔，从头到颈部有鬣；雌狮体型较小，头颈无鬣。历史上，狮子最早是从西域诸国作为贡品进入中原地区的。随着狮子在中国的繁衍生存，西域各国的崇狮习俗也传入了中国。相传狮子是佛祖的化身，在佛教中具有崇高的地位，是保护佛法的瑞兽，被神化为佛法威力的象征。随着佛教的传入，狮子的形象以及对狮子的崇拜，进一步融入到中华民族的传统习俗中来。在民间，狮子被看做是既威武又驯良，能够逐恶辟邪的瑞兽。特别是自宋代以后，被世俗化的狮子，具有了更多的功用与象征意义，成为一种象征平安吉祥的传统文化符号。

（九）羊

羊在中国古代被视为灵兽和吉祥物，自古以来就是吉祥的象征。《说文解字》对"羊"字的解释为"羊，祥也"，表示吉祥、美好的意思。古器物上的铭文"吉祥"多写作"吉羊"。

羊的形象作为一种文化元素，很早就出现在中国古代的工艺美术品中。例如，1938年出土于湖南省宁乡县的商代后期的四羊方尊（图2-7），在其肩部以下的四隅，用分铸法各铸有一个大卷角羊头，成为方尊的视觉中心，具有极强的装饰性和视觉冲击力。高浮雕的"四羊"与几何化的方尊及其表面细小稠密的纹饰形成了强烈的空间对比和主次关系的照应，从而使该器皿所寓意的"天下四方，安泰祥和"的精神主题更加突出。其整体结构之严谨和装饰工艺之精湛，堪称为商代后期青铜装饰艺术的典范之作。

图 2-7　四羊方尊

（十）鹿

鹿，在中国古代被视为"瑞兽"，是国家祥瑞的象征。早在新石器时代，人们就开始了对于鹿神的崇拜。在中国传统文化中，常以鹿象征吉祥。据说，鹿也是一种长寿动物。因此，鹿也被视为长寿的象征。

在中国民族艺术中，鹿作为一种具有吉祥寓意的动物形象，而成为应用广泛的文化元素。而在以鹿为主构成的装饰纹样中，常采用梅花鹿的形象造型。由于"鹿"与"禄"谐音，鹿纹常用于构成与"晋禄"有关的吉祥图案，如"禄位高升""加官晋禄""福禄长寿"等。

六、音乐类符号表达

中国民族艺术音乐类的符号主要包括带腔的乐音、无声性的音调、灵活的节奏节拍和单声性的织体。

（一）带腔的乐音

在单个乐音的进行过程中，有意识地运用与特殊音乐表现意图相联系的音成分（音高、音色、力度）的某种变化。[①]

（二）五声性的音调

音组织的核心是由一个大二度和一个小三度构成的三音小组，调式以此三音小组为基础。调式的五声性并不等于单纯的五声音阶，而是指音调

---

① 沈恰．音腔论．中央音乐学院学报．1982 年第 4 期、1983 年第 1 期连载．

最基本的运动规律。中国乐系中也有各式各样的七声音阶和六声音阶,但在以七声音阶和六声音阶构成的旋律中,仍以五声音阶的音为骨干,旋律依然是以两个三音小组为核心,并围绕着它展开。这是中国乐系七声音阶与欧洲乐系七声音阶的不同之处。

中国民族音乐五声音阶的各种调式可以分为三类色彩,即羽色彩、徵色彩和混合色彩。其中羽色彩包括羽调式和角调式,徵色彩包括徵调式和宫调式,而混合色彩则主要指商调式。

(三)灵活的节拍节奏

音节的节拍可分为均分律动和非均分律动两种类型。均分律动每拍时值相同或基本相同,时位感匀整,与节拍器的拍子大体吻合,称为"有板"。均分律动又分刚性节拍和弹性节拍两种,前者的拍值,类似物理学中所说的"刚体",拍点之间的距离保持不变,强弱拍有规律地按小节线的划分而循环往复地出现。

非均分律动每拍时值不同,有长有短,时位感不匀整,不能用节拍器打拍子,称为"散板"。非均分律动的拍值基本一致,但有些拍可以拉长些,有些又可以缩短些,强拍也并非很有规律地按小节线的划分而循环往复地出现。中国音乐体系在节拍和节奏方面的特点是大量运用非均分律动和均分律动中的弹性节拍,有时还将非均分律动和均分律动以对位方式结合起来在不同声部中出现,如戏曲中的"紧拉慢唱"。

(四)单声性的织体

中国民族音乐中绝大部分音乐作品是单声性的,其旋律得到了高度的发展,成为音乐的灵魂(即所谓"线性音乐")。即便是在支声性的音乐作品中,支声声部的旋律仍是由主旋律派生出来的,与欧洲乐系的和声、复调有不同的性质。

第三章　中国民族书画艺术

书法、国画,都是中国特有的造型艺术。它们以其十分悠久的历史、深邃的文化内涵和鲜明的民族特色,当之无愧地成为中国民族传统文化最具代表性的一种典型符号。本章将从这两个方面出发,研究中国书法艺术、中国绘画的民族传统与民族风格、中国绘画的流派及论断、中国绘画艺术的欣赏与分析。

第一节　书法艺术研究

书法成为一门艺术,是以汉字的方形结构和线条变化为基础的。不妨认为,古人在创造这种方块字的时候,已经融入了中国人对造型美的基本见解,即平衡结构,线条流畅,整齐而有变化,均匀而有对比,这就给书法家提供了施展艺术才能、驰骋艺术想象的天地。另一方面,汉字结构的写实主义和人体本位精神,使汉字本身就具有自然之美和人文之美的因素,因此书法家们在挥毫洒墨的时候,完全可以依据自己对美的感受,把存在的天地山川之美以及人物房舍之美与汉字的结构美紧密地结合起来,淋漓尽致地表现出来。离开汉字的方形结构,就不可能有书法艺术。西方的拉丁化文字便是最好的证明。

一、书法艺术的源流与发展

(一)书法艺术的源流及形成

书法艺术源远流长,应当说从甲骨文就开始了。但是从总体上讲,书法艺术是在汉魏时期才真正形成的。在此以前的《毛公鼎铭文》(西周晚期)、《石鼓文》(春秋时期)、《泰山刻记》(秦代),由于当时艺术创作的自觉性还没有形成,审美风尚还没有出现,书法理论还没有萌发,所以汉代以前的金石文字还只是书法艺术的产生阶段。那时的书体是金文和秦始皇统一文字以后的小篆。这一时期的书法家无疑以李斯为代表。

(二)汉代书法艺术的发展

汉代是书法艺术成熟的时期。在这个阶段,隶书定型,草书、行书、楷书也应运而生,终于形成隶书盛行、诸体皆备的辉煌局面。应当指出,隶书的产生是很早的,据史籍记载,秦代由于官狱多事,奏章繁多,为了求得速决速用,官府让隶人(奴隶)们省易抄写,遂称"隶书"。这种书体在秦代只是使用,到汉代逐步定型为横扁形的,从起笔到结体,都有一定的规格,到东汉,隶书成为官定标准字体。这一书体的变革,文字史上叫做"隶变"。这种隶变后通行的隶书,即为"汉隶"。它上承秦隶,又显出汉隶本身点画均匀、舒展自由的特点。汉代的竹简、碑石、印章,大多采用汉隶。① 两汉的书法家应当很多,但因作品多未署名,故今天尚能知名的甚少,其中蔡邕、曹喜可称代表。江苏省沛县所存的《大风歌碑》,相传即蔡邕所书。

(三)魏晋南北朝时期书法艺术的发展

魏晋南北朝的书法是承上启下、完成书体演变的阶段,其特点是篆、隶、楷、行、草诸体俱臻完善,同时产生了一大批优秀作品和钟繇、王羲之等大书法家。钟繇师承蔡邕、曹喜,又习众家之长,最终完成了楷书的定型化。② 王羲之(公元303—361年或公元321—379年)的艺术成就更是非凡,因他曾任"右军将军",后世称为"王右军",被尊为"书圣",与钟繇并称为"钟王",与他的儿子王献之并称为"二王"。他的书法"兼摄众法,备成一家",终于"贵越群品,古今莫二"。早在南北朝时,梁武帝就认为他的书法"字势雄逸,如龙跳天门,虎卧凤阁",还有人说他的书法是"清风出袖,明月入怀"。③ 南

---

① 解放以后出土的大量竹简,如山东省临沂市银雀山汉墓出土的《孙子》《孙膑兵法》,湖南省长沙市马王堆汉墓出土的《老子》等,都属西汉墨迹;而著名的《张迁碑》《雁门太守鲜于璜墓碑》《礼器碑》《华山碑》《仓颉庙碑题记》等,都是有代表性的东汉墨迹。它们有的笔力遒稳,以拙取胜;有的方整劲挺,斩钉截铁;有的游行自在,变化若龙,充分显示了汉隶的艺术特色。

② 现在河南省临颍县的《上尊号碑》记述了汉献帝禅位于曹丕的历史事件,碑文即由钟繇书写,是他的隶书代表作,其楷书墨迹迄今未有发现。前人评他的隶书"点如山颓,滴如雨骤,纤如丝毫,轻如云雾,去若鸣凤之游云汉,来若游女之入花林,毫不为过"。

③ 唐太宗甚至称赞说:"观其点曳之工,裁成之妙,烟霏露结,状若断而还连;凤翥龙蟠,势如斜而反直。玩之不觉为倦,览之莫识其端。心慕手追,此人而已。其余区区之类,何足论哉?"因此他临死还把王羲之的《兰亭序》真迹带入昭陵。

北朝时的书法,风格多征"二王"的影响之下,书法作品大都出自无名书法家之手。值得一提的是陈僧智永,他是王羲之的七世孙,书法深得家风,他写的《千字文》,极受后世推崇。北朝书法,数魏碑最佳,其结构严密,笔力雄厚,清代包世臣、康有为所推崇的魏体正是这一类。现存河南省洛阳市的《始平公造像记》、山东省曲阜市的《张猛龙碑》和山东省莱州市的《郑文公碑》,都是魏碑的代表作。

(四)隋唐两代书法艺术的发展

隋唐两代是书法艺术的鼎盛阶段。这同隋唐时期高度繁荣的经济和高度辉煌的文化密不可分。由于统治阶级的提倡,书法被列为"书学",被定为学校中的学习科目,因而无论是理论和创作都达到新的高度。这一时期,不但大书法家较前代为多,而且书法理论专著也远胜于前代,其对日本书法的影响也由此肇始。

1. 唐初四大书法家

唐初的四大书法家是"虞(世南)、欧(阳询)、褚(遂良)、薛(稷)"。

虞世南(公元558—638年)是智永的学生、唐太宗的老师。他的书法笔圆而体方,外柔而内刚,发笔出锋如抽刀断水,传世名作有《孔子庙堂碑》。

欧阳询(公元557—641年)的书法以楷书为最好,用笔和结构都有严肃的程式,字体劲险刻厉,于平正中见险绝,"若草里惊蛇,云间电发;又如金刚怒目,力士挥拳",代表作有《九成宫醴泉铭》《皇甫诞碑》,被推为唐人楷书第一,与其子欧阳通并称"大小欧阳"。

褚遂良(公元596—659年)的书法习王羲之、虞世南。据说他深得王羲之三昧,唐太宗把所藏王羲之墨迹拿出来让他鉴别真伪,他能一一判断出来。他的书法"字里金生,行间玉润,法则温雅,美丽多方",其代表作是《大唐三藏圣教序碑》。

薛稷(公元649—713年)的名气较前三人为小,但他的字"用笔纤瘦,结字疏通",实开后世瘦体之先河,其传世作有《升仙太子传》等。

2. 中唐及后期唐代书法家

稍后的唐代大书法家还有李邕、张旭、颜真卿、柳公权、僧怀素。

李邕从"二王"入手,但又突破"二王"体格,书体介于行楷之间,代表作有《岳麓寺碑》《云麾将军碑》,风格险峭,笔力舒放。

张旭以草书出名,因其为人及书法如狂如癫,世称"张癫"。韩愈说他"喜怒窘穷,忧悲愉佚,怨恨思慕,酣醉无聊,不平有动于心,必于草书焉发之。观于物,见山水崖谷鸟兽鱼虫草木之花实,日月列星风雨水火雷霆霹雳歌舞战斗天地事物之变,可喜可愕,一寓于书。故旭之书,变动犹鬼神,不可端倪。以此终其身而名后世"。① 他的草书极富神韵和意趣,笔画癫而不乱,狂而不怪,刚柔相济,气韵连贯,其代表作为《肚痛帖》。

颜真卿曾受张旭指导,师法前辈而又有独创。他把篆隶笔法用于楷行草书,又把楷书的横画写得细瘦,把点、竖、撇、捺写得肥壮,世称"颜体",作品极多,著名的如《多宝塔感应碑》《东方画赞碑》《元结墓志》及《颜氏家庙碑》等。

柳公权与颜真卿并称"颜柳",他有意避开颜体竖画的肥壮,把横竖画都写得均匀硬瘦,把点画写得如刀切一般,独创"柳体",世称"颜肥柳瘦",代表作有《玄秘塔碑》《符碑》《神策将军碑》等。

怀素是一位和尚,是继张旭之后的又一唐代草书家。因从小家贫,无钱买纸,种芭蕉万株,以叶代纸,苦练成功,他住的寺庙因此叫"绿天庵"。现在湖南省永州市绿天庵旧址仍保留清代摹刻的怀素《千字文碑》。② 其代表作还有《自叙帖》等。

(五)宋元时期书法艺术的发展

宋代盛行帖学,书法艺术不甚景气。所谓"帖学",就是辗转翻刻前代名帖,然后又师法于帖。结果因翻刻走样,难得真谛,限制了宋代书法的创新。此外,宋人习书,时俗趋贵,即以帝王好恶和权臣书体为转移,也很难有独特的发展。可为称道的是宋代四大家苏(轼)、黄(庭坚)、米(芾)、蔡(襄)和宋徽宗赵佶的"瘦金体"。元代书法越两宋而直承晋唐,故出现了赵孟頫这样的大书法家。赵孟頫(公元1254—1322年),字子昂,号松雪道人,为宋太祖赵匡胤十一世孙。他篆隶行草无所不学,学而思变,集晋唐书法大成,成为可与"颜、柳、欧"并称的楷书四大家之一,并独占元代书坛,代表作有《仇锷墓碑铭》《兰亭十三跋》《度人经》《洛神赋》《妙严寺记》等。

(六)明清书法艺术的发展

明代书法从总体上看有如江河日下,字都写得呆板齐整,缺少神气,形成所谓"台阁体"。其间影响较大的书法家主要有祝允明(枝山)、文征明、董其昌、邢侗、米万钟,有创新的书法家则有张瑞图、徐渭等人,其中"董(其

---

① 杜甫的《饮中八仙歌》也写他"张旭三杯草圣传,脱帽露顶王公前,挥毫落纸如云烟",人们可想见他的狂态与醉态。

② 李白赞他"吾师醉后倚绳床,须臾扫尽数千张。飘风骤雨惊飒飒,落花飞雪何茫茫"。

昌)、米(万钟)、邢(侗)、张(瑞图)"被称为晚明四大家。清代书法中兴,力图摆脱帖学的影响,于是极力提倡"碑学",并以嘉庆、道光为界分为前后二期,前期重帖学,书法不很景气;后期重碑学,注重了继承与革新,突出了个人风格,因而出现了新的局面。清代书法家极多,有突出成就的如郑燮(板桥)、金农、邓石如、伊秉绶、包世臣、何绍基、吴昌硕、康有为等。

二、书法艺术的特征

书法艺术的特点是运笔取势,力在其中,以笔法的曲直、行滞,章法的虚实、疏密,结构的奇正、主次,显示出"相反相成"的美感。所谓"运笔取势"是指起笔要注意"逆",结体要注意"违",章法要注意"侧",即形成一定的势态。"逆"就是落笔要取逆势,也叫"逆锋",即欲行其右,先行其左;欲行其下,先行其上,这就可以使笔划充满力感。"违"就是错杂、多样、变化、参差、互异,即,"数划并施,其形各异;众点齐列,为体互乖",但又要"违而不犯"即不能杂乱无章。"侧"就是笔画和章法要多取侧势,因为侧势造成的美更富于变化。总之,笔画不要雷同,不要呆板,要讲变化,讲互异,还要讲主次分明,虚实相间,刚柔并济,要讲正中有奇,连中有断,连断自如,开合自成,否则就构不成书法艺术。

第二节　中国绘画的民族传统与风格

中国绘画是与西洋绘画相对应的中华民族传统绘画体系的总称。这是一个包容性很大的宽泛的概念,它包括了从内容到形式的各种富于民族特性的因素。凡具备中国绘画民族传统特征诸因素(如传统美学观念、观察法则、表现手法、风格形式、工具材料等一系列因素)的绘画都是中国绘画,它具有系统性和多因性。总之,凡具有中华民族传统的造型审美意识和表现形式特点的绘画都叫做中国绘画。不论是谁画的,用什么工具材料画的,画的是什么内容,作什么用途的,只要紧紧抓住"中华民族传统"特征就可以界定。①

---

① 世界上其他国家的绘画是否也可以这样界定呢？比如说法国绘画、希腊绘画等。我想不可能例外,只要是历史比较悠久的国家的比较成熟的绘画都会是这样的。西方国家由于历史、地理、政治、经济、生活习俗等多种因素所致,绘画间相互的民族差异性不大,但仍是各自具备着民族特征的。

一、中国绘画的民族传统

中国绘画的民族传统特征格外鲜明强烈,它经过长期的创作实践,已具备丰富的表现力,它在世界画坛上独树一帜,其影响早波及日本、朝鲜、印尼、泰国等东南亚广大国家和地区,形成了与西洋绘画迥异的东方绘画系统。

中华民族历史悠久,胸怀博大,中国文化成熟很早,传统深厚,而富于吸引力。尽管中国历史上有汉唐和清朝以来的门户开放,中国文化并未洋化和殖民化,中国传统文化始终保持着独立稳定的地位。没有出现过印度文化因雅利安人入侵而被摧毁,埃及文化因亚历山大大帝占领而希腊化,罗马文化因日尔曼蛮族南侵而中断的类似局面,这不能不归结为中华民族精神之强悍,中国文化之伟大。

中国绘画就是体现这种中华民族精神的中国传统文化之一。中国绘画的消化力很强,第一次从东汉末印度健陀罗艺术传入新疆境内开始,延续至中唐的西域艺术,第二次明清之际随着西方传教士而来的西洋油画,第三次近代"五四"新文化运动影响下展开的国画改革。这三次外来艺术浪潮都给中国绘画传统以震动,但都不曾动摇中国绘画之根本。而中国绘画却趁此吸收了第一次西画色彩层次丰富的凹凸画法,第二次的油画圣像的写实技巧,第三次的更宽泛的透视、造型写实技巧。

中国绘画是一个严密的结构系统,从内容到形式由许多层面和局部组成,彼此间相辅相成。它像一部巨大而精密的机器协调地运转着,即使只改变其中一两个次要零件,整个机器也会显出一定程度的不协调,只有合理改革,才会慢慢协调起来。如果人为地去大拆大改,其结果只能是毁掉这部机器。

二、中国绘画的风格

(一)民族风格

由相同的社会结构、经济生活、自然环境、风俗习惯、艺术传统,尤其是共同的心理状态、审美观点等因素所形成的特定民族的统一性艺术特色,就是艺术民族风格。

民族风格是一个民族共同体稳定成熟的重要标志,根据民族风格我们能毫不费力地区分西洋绘画和中国绘画。法国作家、哲学家伏尔泰曾经说过:"从写作的风格来认出一个意大利人、一个法国人、一个美国人或一个西班牙人,就像从他面孔的轮廓,他的发音和他的行动举止来认出他的国籍一样容易。"只有民族风格强烈的艺术在世界艺术之林中才会具有鲜明的个性和不可替代的存在地位,才能丰富世界艺术宝库,给世界艺术增添异彩。因此,越是民族性的绘画才越具世界性的道理,只要人类社会存在,就永远不会过时。只有运用民族风格鲜明的绘画艺术反映本民族的生活,才能够为广大人民所理解和接受,才能充分发挥绘画艺术的社会作用。

民族风格的构成,由以下三个要素来决定。

1. 民族性格

民族性格对绘画民族风格起着决定性的作用。一个民族的社会生活、自然环境、历史传统和文化传统、风俗习性,在民族的心理素质上打上的深刻的烙印,就形成了不同民族的性格特点。如毛泽东说的:"中华民族不但以刻苦耐劳著称于世,同时又是酷爱自由、富于革命传统的民族。"中国画家只要真实地反映了中华民族的人民生活,就必能刻画出中华民族的性格特征、心理状态与思想感情,以及中华民族的精神气质,作品必然会具有中国作风和中国气派。

2. 民族题材

民族题材包括民族的现实生活、历史传统、风土人情等,这是构成民族风格的重要因素,每一个民族都有自己的题材特点。中华民族包括几十种不同的民族,虽然绘画总的民族风格是东方中华民族风格,但汉族与各兄弟民族之间,又有不同的差异,画北方民族的题材与画南方民族的题材风格显著不同,如北方山水雄浑壮观,南方山水葱郁秀丽;北方绘画多游牧、骑射等一类题材,南方绘画多耕种渔猎等一类题材。民族题材虽是绘画民族风格的重要因素,但不是决定性因素。

3. 民族形式

民族题材和民族性格都是属于作品的内容方面的东西,而所谓民族形式,是指一个民族在特定的历史条件下所特有的形式表现手段。中国绘画的表现手段主要指绘画视觉语言[①]及绘画的体裁[②],它们均具有鲜明的民

---

① 包括构图、造型、线条、笔墨、色彩等。
② 包括人物、山水、花鸟的分类,写意、工笔的分体,横披、条幅、中堂、册页的分式等。

族传统特点,与西画的表现手法迥然不同。虽然,中西绘画都用写实与夸张、现实主义和浪漫主义的手法,但是民族特色各异,中国绘画基本上是现实主义和浪漫主义相结合的表现手法,讲中庸和谐,讲主客观的统一,讲现实和理想的统一,在写实中有夸张,夸张中有写实。而西画易走极端,往往造成主客对立、现实与理想的对立。

民族风格是一个历史范畴,它不是静止的,而是发展的,而且各民族艺术之间相互影响。中国绘画历来具有善于接受外来影响的优秀传统,比如汉唐以来的佛画及凹凸法,明清的西洋画风的渗入。在中国绘画民族化的问题上,我们既要反对狭隘的民族主义,不能打着"保存国粹"的旗号保存民族绘画传统中的糟粕,又要反对所谓"世界主义",不能以虚无主义的态度对待民族绘画传统中的优秀精华。我们既要尊重其他民族的优秀传统,更要尊重本民族的优秀传统,我们是爱国主义者又是国际主义者。真正的国际主义者,必须用具有自己民族风格的艺术珍品去补充丰富世界艺术宝库,而不应该两手空空,完全依赖别人提供的精神食粮。

(二)时代风格

艺术风格既有多样性,也有统一性,而我们所说的风格的统一性,就是一定的个人艺术、时代艺术、民族艺术中所呈现出来的主导风格所具有的成熟性、一贯性和稳定性。

画家总是生活在一定的时代社会之中,这个时期的社会变革、政治斗争、社会风尚、艺术思潮必然对画家产生影响,也必然在画家个人创作个性上打下烙印,他们的作品又总是要反映一定时代的生活内容,这些具有时代共同特点的内容又必然要求与之相适应的表现形式,这就是为什么一定时代的艺术风格总会呈现某种统一性的原因,这种具有时代的统一性特征的艺术风格就是时代风格。时代不同,时代风格也不同,一定时代的艺术必然会形成一定时代的风格。比如中国绘画史上的魏晋风格和唐宋风格,时代风格各不相同。

艺术是一种社会现象,是一定社会的上层建筑,因此,艺术的时代风格往往是一定时代的社会精神的反映。我国唐宋时期的艺术风格就不同于秦汉,也有别于明清。秦汉所遗留的绘画雕刻艺术淳厚质朴,深沉博大;唐宋绘画豪华绚烂,雄浑奔放;清代绘画则是气韵苍润,简淡清秀。下面主要以唐代和清代的绘画为代表,论述中国绘画的时代风格。

1. 唐代绘画的风格

唐代从贞观年间到开元年间的一百多年里,封建经济发展到了顶点,阶级矛盾比较缓和,社会安定,国家统一,经济繁荣,生产发展,文化昌盛,出现了大量描绘帝王功臣、贵族妇女生活的人物画,以及适应他们玩乐的山水花鸟画,这时期绘画的基本特征是以写实的创作方法为主,以线造型,画面形象丰满,构图宏伟,色彩绚丽,用笔道劲;思想内容是崇尚开明君主,追求开明的政治思想,颂扬太平盛世的生活和为国家建立功绩的雄心。这种辉煌灿烂、豪华雄浑的艺术风格是强大的经济力量和人民创造力量以及封建社会上升时期进取精神在绘画艺术上的相应表现。

2. 清代绘画的风格

清代,阶级斗争和民族斗争激化,鸦片战争后,由于帝国主义入侵,我国由封建社会变为半封建半殖民地的国家。在封建文化继续发展的同时又随着殖民者的军舰舶来了西方文化。由于清代封建主义自然经济中又出现了资本主义的萌芽,民间绘画在商业经济繁荣的小城镇比较活跃。中国绘画的战斗性增强了,少部分绘画直接干预社会现实,民间年画空前发展。但整的趋势不如以前,陈陈相因,缺乏创造。清中叶以后,国力急剧衰落,绘画逃避现实,食古不化。山水花鸟比人物画略好一些,特别是文人画极盛,在突破古人樊篱,追求个性表现和抒发主观情感方面,达到了中国绘画史上前所未有的高度。"简淡冲和、野逸洒脱"可说是清代绘画总的时代风格,是封建社会末期衰落的写照。

(三)个人风格

中国绘画之个人风格是指绘画作品的主题思想、艺术形象、构图经营、笔墨技巧所表现出来的协调一致的与众不同的一贯的个人特色。不同画家在同一时期采取同样的创作方法,也会由于他们在作品的选材、构图、笔墨技巧的运用等方面的差别,而艺术特色各异。具有独特风格的画家是其艺术成熟之表现。即使是表现相同的题材,也依然会各具特色,千姿百态。比如历代画家画马,唐代韩干画马,大有雄健丰满的风骨;宋代李公麟画马,则有骏健不凡的风貌;现代画家徐悲鸿画马,则表现出刚健奔放的风格。① 这创作个性主要取决于画家个人的思想、阅历、性格、气质、学识、修养等,这是谁也不能替代的,所以凡真正体现了个人风格的绘画作品总是与众不同的。

---

① 马克思说过:"风格就是人"。刘勰也说:"各师其心,其异如面。"这就是说,画家的个人艺术风格就是他在作品中集中体现出来的创作个性,就是"画中我"。

1. 中国绘画的风格个性

风格个性是画家在一系列作品中表现出来的内容与形式一致的独特个性。但不是所有画家的创作都必然具有个人风格,如以下三种情况的作品不可能独具风格。

第一,画家在观察生活和表现生活的过程中,没有自己的独特感受和发现,没有自己独特的表现手法和艺术语言,仅是对客观生活作表面的描摹,或者因袭他人的作品,在别人的作品里讨生活,这样作品里就不会有"我"的存在。

第二,画家还不够成熟,生活阅历浅,思想性格未定型,审美趣味波动,朝秦暮楚,艺术才能不高,文化修养不够等等,均会导致作品个性模糊,作品里不见"我"的存在。

第三,虽然画家成熟,才大艺高,但是由于外界客观的原因,如画遵命之作,或集体合作等,身不由己,不能自由发挥自己的个性,而要强迫自己服从外界这样或那样的规定和要求,把自己的个性人为地藏匿起来,当然这样的作品也不会有"我"的存在。

没有个性的作品,在画史上是大量存在的,而真正具有个人风格的作品毕竟是少数。因为要形成作品的个人风格很不容易,个人艺术风格需要各种条件,需要有意识地培养,需要长时期地锤炼,画家没有艺术创作的成熟性、独创性、一贯性和统一性是不可能形成个人独特风格的。但也有个别早熟画家一上画坛就表现出成熟性、独创性的,哪怕只有一二件作品也独具风格,如王希孟的《千里江山图》,张择端的《清明上河图》等,则可另当别论,但没有普遍指导性意义。

2. 画中之"我"与生活中的我

画中之"我"并不等于生活中的我,画家创作中的艺术个性并不等于画家生活中的个性。每个画家都有自己的生活个性,但却不一定都具有创作上的艺术个性,画家的艺术个性只能在创作实践中形成。艺术个性的形成与画家独特的生活阅历以及对生活的独特感受有密切关系,还与画家的才能和他表现生活的创作方式密切相关。如果画家的独特性在他的一系列作品中得到反复的表现,成为创作上相对稳定的特征时,就会形成个人艺术风格。如清代画家八大、石涛、高其佩、任伯年、吴昌硕,现代画家齐白石、徐悲鸿、黄宾虹、潘天寿、傅抱石、李可染、叶浅予、林风眠、黄胄、刘国松、程十发、丁绍光、刘文西等,都是各树一帜的个人风格独特的画家。①

个人风格虽有一个主导特征,却并非只有一副笔墨,但几副笔墨都须暗示出这一主导特征,都不能离开主要的创作个性,即所谓"形变神不变"。当然画家的艺术风格也不是一成不变的,由于生活际遇之变化;思想感情之发展;美学观点之改变;艺术表现力之成熟;学识修养之丰厚,就可能在不同时期产生不同面貌的风格。但风格之转变是极缓慢的,风格一旦形成,就具有相对的稳定性。个人艺术风格越鲜明,绘画作品就越具魅力,影响也就越大。

第三节 中国绘画的流派及论断

一、中国绘画的流派

(一)中国绘画流派的产生及原因

1. 中国绘画流派的产生

中国绘画的艺术流派是绘画发展的产物,是在一定的时期内,由一些在思想倾向、艺术倾向、创作方法和艺术风格等方面相近或类似的画家,通过作品所显示出来的具有统一突出特征的艺术派别。或者在具有创作特点的画家中,往往会产生某些有代表性的、有影响的画家,他们的创作思想、创作方法、创作风格等,又得到其他画家的响应、仿效和继承,因而逐渐地形成了一个画家群体的共同艺术风格,也就是艺术流派。它反映了一批创作风格相近的画家在艺术和思想甚至更广泛意义上的一致性。如果说个人风格、时代风格、民族风格是纵向地形成的话,那么流派就是横向联系而形成的。中国绘画史上的艺术流派有一种是不约而同自发形成的,甚至派名都是后人起的,这是非自觉形成的,如"扬州画派";还有一种是自觉形成的,由于志同道合而自发组成一定的学术团体,共同研讨艺术,便形成了自觉的流派。

---

① 石涛曰:"我之为我,自有我在。古之须眉,不能生我之面目,古之肺腑,不能安我之腹肠,我自发我之肺腑,揭我之须面","在于墨海中立定精神,笔锋下决出生活,尺幅上换去毛骨,混沌里放出光明。纵使笔不笔,墨不墨,画不画,自有我在。"都是强调画家必须重视自己的创作个性,这样他的作品才有存在之价值。

如清末以吴昌硕为首组织的"西泠印社",研究书画诗词篆刻等,形成了所谓"后海派"。

2. 中国绘画流派产生的原因

艺术流派的产生,有其社会的客观原因和画家的主观原因,是主客观因素统一的产物。如某些画家,他们在社会生活中所处的地位基本相同,他们的民族利益和阶级利益以及所面临的社会问题也基本一致,因此就促使他们对现实生活持大致相同的立场、观点和态度,这是形成艺术流派的思想核心。同时由于他们的社会经历比较一致,创作个性、艺术趣味比较接近,就形成了他们大致相同的艺术观点,并促使他们运用类似的创作方法和艺术手法,包括艺术的表现语言也会接近起来。从社会的直接原因来看,艺术流派的形成与社会上的文艺思潮有密切的关系,社会的经济、政治、哲学、宗教、科学等方面的重大斗争和变革,都会产生一定的社会思潮,反映到绘画上就会产生一定的绘画思潮,这种思潮对艺术流派的产生具有直接的影响作用,随着艺术思潮的起伏变化,往往会产生流派的更迭兴衰。当然,形成艺术流派的原因是多方面的,有些流派的成因与社会思潮的关系比较直接,有的则比较间接,有的可能主要表现为艺术风格上的差异,有的可能各种因素兼而有之,等等。

(二)中国绘画史上出现的艺术流派

中国绘画史上出现过许多艺术流派,比如"元四家""明四家"。明代山水画的流派繁多,如有"浙派"和"吴门派",与"吴门派"相联系的有"华亭派""江宁派";与"浙派"相联系的有"武林派""嘉兴派""姑熟派"等,还有学米芾父子一路的"新米派"。清代山水画中的"四王"派又分成"娄东派"与"虞山派",后又产生了"小四王"与"后四王"。清末富有革新精神的流派有"扬州八怪""海上画派""岭南画派"等。

中国绘画流派的名称主要有如下几种称法。

一种以地区名称为标志,如"扬州画派"①"金陵八家""浙派""嘉兴派""岭南派""海上画派""黄山派""新安派"等,往往因这一流派的画家较多地

———————

① "扬州画派"是中国绘画史上影响较大的最具有代表性的画派,习称"扬州八怪"。清乾隆时期兴起的"扬州八怪"这一画派其实远不止于八人,"八怪"仅是泛指,所以称这一画派为"扬州画派"更合适。但画派总得有代表性画家,我们把"扬州八怪"权且作为"扬州画派"的八个代表画家未尝不可。那么,到底"八怪"指谁呢?据记载,说法不一,出入很大,我们考虑到书画风格的相近,艺术成就的接近,采用清末李玉棻在《瓯钵罗室书画过目考》中所举人名,计有汪士慎、李鱓、金农、黄慎、高翔、郑燮、李方膺、罗聘、华嵒、高凤翰、边寿民、闵贞、李勉、陈撰、杨法等,可取前八名为"扬州八怪"。

集中在某一地区,并在此地区形成了一致的艺术特色,产生了广泛影响,于是以这地区名称命之。

二是以某朝代或某画家姓氏名称为标志的,如"元四家"、"明四家"、清"四王"、"四任"、"新米派"等。他们往往是这一流派的首创者或带头人,是巨匠大师,他们的艺术特色往往在历史上某一时代具有代表意义或产生过历史性的影响。

三是以创作思想和创作方法为标志的,如"疏体""密体""逸体""勾花点叶派"等。①

(三)中国绘画流派的独立性

绘画流派既然有独具特征的群体风格,它必有别于其他流派,而具有不为其他流派可以替代的独立性,就必然具有自己的思想基础、创作倾向和艺术风格,在发展中就必然会出现各艺术流派之间的差异、矛盾、斗争和竞赛。出现这种局面有两种情况,一种是相互具有敌对的性质,它们之间的斗争表现得尖锐而激烈,具有强烈的排他性,是你死我活的斗争,斗争结果往往以一个流派战胜和淘汰另一个流派而告终。另一种是非敌对性质,一般不采取对抗的斗争方式,而是采取互相影响互相促进互相竞赛的方式。流派有积极消极、高低、文野之分,好的健康的艺术流派对艺术发展有促进作用,颓废的艺术流派可以对艺术产生消极作用,艺术流派除了自身的兴衰之外,它们相互之间的斗争和竞赛也是艺术发展的动力之一,通过斗争和竞赛,好的艺术流派发展壮大,得到广大群众的认可;不好的艺术流派就逐渐被淘汰,从而促进整个艺术的向前发展。

二、中国绘画论断

(一)形与神的问题论断

中国绘画注重气韵和神似,注重表现对象物的神态,抒发艺术家所获得

---

① 绘画流派形形色色,不一定都是好的。有的出现时就没有什么积极意义,很快就被历史所淘汰。有的刚开始往往有某些方面的积极贡献,或者有某种革新,但随着社会的发展,将逐渐趋于老化和陈旧,不能再满足群众的需要,于是影响渐小或者被新出现的流派淘汰。所以流派的存在是相对的、暂时的,而更迭变换是绝对的、恒久的。但比较起来,艺术流派与时代风格及个人风格相对而言要流传长久一些、稳定一些,它可以跨时代、跨个人而存在。诚然,一个艺术流派可以消失,但是优秀流派的绘画作品和其独特的艺术风格,却将作为人类艺术宝库的财富而具有永久的价值。

的意趣,至于对象物的形态则在其次。但这不能理解为不要形似,因为没有一定的形态,神态也无从表现,所以艺术上常讲"形神兼备"。这里所说的神似,是指艺术创作的主导精神和艺术欣赏的主导趣味。这一思想由来已久,可以上推到顾恺之的"传神论"。但真正把这一见解加以精深发挥的是欧阳修、沈括、苏轼等人。欧阳修率先提出"古画画意不画形",并且认为"萧条淡泊"的意境比"飞走迅速"的禽类更难表现。沈括十分赞赏欧阳修的这一观点,认为欧阳修是"真识画也"。① 苏轼也认为"论画以形似,见与儿童邻",还说:"观士人画,如阅天下马,取其气意所到。"这里强调的仍然是"神似"。他用相马来比喻看画的道理,即是不是一匹好马,要看它是不是有神骏意气;同样,一幅画好不好,也要看它有没有神韵和意趣。宋代诗人陈与义跟苏轼有相同的观点,他在一首《水墨梅》的诗中说:"意足不求颜色似,前身相马九方皋。"这里的"意足"就是"神足",只要能把梅花的意态充分表现出来,颜色的像与不像是不重要的。②

这些思想对后世的绘画理论和艺术实践有很大的影响。如元代画家倪瓒主张作画要"逸笔草草,不求形似";明代画家徐渭也主张"不求形似求神韵",而且创立"大写意"画法。清代以后对这一理论阐述有了新的发展,石涛说:"名山许游未许画,画必似之山必怪。变幻莫测懵懂间,不似之似当下拜"。"不似之似"正是画家所要表现的那种艺术境界。这一思想被齐白石继承和发展,他提出画贵在"似与不似"之间,可以说,他把绘画的真谛说得非常明白。

(二)六法与四格

1."六法"

"六法"是南朝绘画理论家谢赫提出来的绘画创作与批评的六条标准。他在《古画品录》里说,所谓"六法",第一"气韵生动",第二"骨法用笔",第三"应物象形",第四"随类赋彩",第五"经营位置",第六"传移模写"。

气韵指人物的精神气质,即顾恺之所说的神或韵。谢赫把它列为评价绘画优劣的第一条标准,足见这一条是绘画的要旨。

"骨法用笔"是指用笔的功力。中国画向来讲究笔墨,这"笔墨"二字也

---

① 他还说:"书画之妙,当以神会,难可以形器求也。世之观画者,多能指责其间形象位置,彩色瑕疵而已;至于奥理冥造者,罕见其人。"这正是从艺术欣赏的角度阐明画贵神韵的道理。

② 程裕祯.中国文化要略(第3版).北京:外语教学与研究出版社,2011

就包含了笔力的问题,因为运笔施墨必得以力行之,而力的大小、墨的深浅是大有讲究的。

"应物象形"是指绘画应按照客观事物所具有的面貌来表现,而不应当主观臆造,也就是说,讲究神韵不能完全脱离客观事物本来的形态。

"随类赋彩"是指绘画中的色彩问题,即按照不同的绘画对象表现不同的色彩,但它不是自然主义地表现色彩,而是按照事物的精神气质去表现色彩。

"经营位置"是指构图设计。中国画的构图与西洋画不同,它不采取西洋画的定点透视,而是采取散点透视,讲求疏密聚散,疏可走马,密不透风;讲求无画处也是画,画出空白表示天空、云气等。

"传移模写"是指临摹画技能,按说可不列入创作和评画标准,但习惯上还是称为"六法"。

2. "四格"

"四格"是唐代才提出来的评画标准,体现了中国画的创作趣味,其内容比六法要抽象得多。唐开元年间,张怀瑾在《画断》中提出神、妙、能三品的标准以比较画的优劣。之后,朱景玄在《唐朝名画录序》中又增"逸品"一项,并且认为"逸品"是"不拘常法",对其他三品仍然没有具体解释。到宋代,黄休复在《益州名画录》中把"逸品"列为首位,并对四格逐一阐明含义。这一变化,反映了人们审美趣味的变化。"逸格"是指不注意绘画的规矩,笔墨精炼,意趣出常;"神格"指形神兼备,立意妙合自然;"妙格"指绘画得心应手,笔墨精妙;"能格"指有功力,能生动表现对象物的作品。这四格长期成为欣赏文人画的等级标准,认为富有意趣的作品才是第一流的。

(三)诗情与画意

1. 诗情与画意的提出及含义表达

诗情与画意,是苏轼首先提出的观点,它作为一种评画标准,后世成为民族艺术的传统特色。情指情趣,意指意境,都是艺术家们所要表现的人生韵致,是他们与自然相通而又相融的那种精神感受。作为文学的诗和作为艺术的画,都是艺术家们表现这一感受的依托,所以中国的诗画可以结合。

2. 诗情与画意的结合形式

(1)画以文学作品为题材

画以文学作品为题材,属于早期的结合形式,如顾恺之的《洛神赋图》就是根据曹植的《洛神赋》创作的。及至唐代,诗人为画题诗,画家以诗作画,这种情况已屡见不鲜。如有人曾以李益的诗句"回乐峰前沙似雪,受降城外月如霜"作画。这种结合方式在宋代画院科举试题里还可以看出来,如"野水无人渡,孤舟尽日横","嫩绿枝头红一点,恼人春色不须多"。这都是以诗命题,画家须按诗作画,其画主要看画家的构思立意是否巧妙。

(2)诗中有画,画中有诗

诗画结合的另一种形式是王维开创的"画是无声诗,诗是有声画"。王维既是诗人,又是画家,善于在诗中表现画的意境,在画中表现诗的情趣。如"大漠孤烟直,长河落日圆"是边境的苍茫画面,"明月松间照,清泉石上流"是园林的幽静小景,诗画已经融为一体。这种诗画艺术的交融状态,表明人们的审美活动已经深化到"神交"的高级阶段。但王维自己并没有认识到这一点。宋代由于禅宗思想的影响和理学的兴起,人们对艺术的认识大幅度深化,因此苏轼说:"味摩诘之诗,诗中有画;观摩诘之画,画中有诗。"此后这成为一种评画标准。"诗中有画"是指诗的意境鲜明如画,"画中有诗"是说画中有一种诗的意境美,诗画都描绘一种境界,抒发一种感情。久而久之,诗情画意成为传统美学艺术标尺之一。

(四)心师造化与迁想妙得

心师造化与迁想妙得实际指中国画的创作原则和创作方法。

1. 心师造化

"心师造化"就是以造化为师。造化本指自然界,后来泛指一切客观事物。"心师造化"这一说法,是南朝陈代姚最在《续画品录》里首先提出来的。这一理论,正确指出了画家与客观事物之间的关系,即客观事物是画家创作的艺术源泉,是画家进行创作的客观依据,也就是说画家要向自然和生活学习,这样才能创作出生动的作品来。① 元代的赵孟頫是一位全能书画家,他画山水,取法自然,因此他说:"久知图画非儿戏,到处云山是我师。"

2."迁想妙得"

"迁想妙得"是顾恺之首先提出来的,这是关于画家如何体验生活以获得艺术构思的理论。顾恺之主张绘画写神,有人问他怎么样才能得到"神",他答:"迁想妙得。"什么是迁想妙得呢?画家在作画之前,首先要观察、研究描绘的对象,深入揣摩、体会描绘对象的内在精神和思想感情,这就叫"迁

---

① 在这方面,古人有很多故事,如唐代韩干从曹霸学画马,成名以后被召入宫,唐玄宗要他拜宫廷画师为师,他却说:"皇宫马厩中的名马都是我的老师。"

想";在迁想的基础上画家逐渐了解和掌握了对象的精神气质,经过分析、提炼,获得了艺术构思,这就叫"妙得"。因此,迁想妙得的过程,就是形象思维活动的过程,是艺术家体验生活,进行艺术构思的过程。它对中国画实践的影响是相当深远的。

(五)南宗与北宗

南宗与北宗是在佛教南北禅宗理论影响下形成的山水画理论。首创者是明代画家莫是龙、董其昌、陈继儒、沈颢等人,以董其昌的影响最大。莫是龙首先提出这一概念,他说:佛教禅宗有南北二宗,唐代开始这样区分;画也有南北二宗,也是唐代开始这样区分,但人并不分南北。① 北宗是李思训父子,画法是着色山水,下传至宋代赵伯驹、马远、夏珪;南宗是王维,画法是笔墨渲染,下传到荆浩、关同、范宽、董源、巨然及元代四大家。董其昌等人进一步发挥这一观点,认为南宗是文人画,北宗是非文人画。就其理论依据来看,实则是因为南禅主张顿悟,追求淡远,适合士大夫们的心理要求,而北禅主张渐悟,追求深透,不太适合文人们的口味。但南北二宗的绘画理论,只是讲了两种不同的画风,而不是不同的画法,实际上南北二宗的画家里,风格也并不统一,所以用南北二宗来区别中国山水画的观点是并不切合实际的。

第四节　中国绘画艺术的欣赏与分析

一、《女史箴图》

《女史箴图》②是顾恺之根据两晋文学家张华写的《女史箴》而画的设色长卷作品。全卷共 12 节,前 3 节散失,现仅存 9 节。存世的图卷内容分别为冯媛挡熊、班姬辞辇、修容饰性、同衾以疑、微言荣辱、专宠渎欢、靖恭自思、女史司箴和道罔隆而不杀几段。每节后有"箴"文。"箴":一种文体,以告诫规劝为主。古代宫中有女史官,经常在皇后左右,随时记载其言行,并订定有关宫廷规章制度。

---

① 程裕祯. 中国文化要略(第 3 版). 北京:外语教学与研究出版社,2011
② 现存的《女史箴图》作品为后人的摹本,但仍可作为研究顾恺之绘画的重要资料。

　　《女史箴图》中的故事主要是教育女性要拥有美好的品德。其中班姬辞辇一段描绘了班姬婉拒汉成帝请她同乘坐辇的邀请,以防皇帝近女色而忽视朝政的故事。画中将班姬的识大体、顾大局的温良端庄与汉成帝的尴尬脸相形成强烈对比。道罔隆而不杀的故事,描绘的是解释世上没有长盛不衰的哲理。画旁题词大意说,天道没有长久隆盛,万物不会永无衰竭。"人成知修其容,而莫知饰其性",主要表现晋代妇女中的生活气息。同衾以疑一段画男女二人共坐一床,但其神情动态是相互背离的,以此来揭示这个道理:人出其言善则千里响应,反之即使亲如夫妇也会互存猜忌。女史司箴描画的是一位婉丽端庄、善良纯洁、忠于职守、不畏后妃淫威、准备上书进谏的女史形象。专宠渎欢一段画男女二人作将要分手的样子,以此表现欢爱但不能过于放纵,思宠不可专擅这个主题。长卷几乎没有背景点缀,集中描绘故事情节,将刻画人物内在精神作为中心,达到"笔彩生动,髭发秀润"的艺术效果,尤其使双目起到传神的作用。①

　　图 3-1 是《女史箴图》的"女史司箴"一段。此局部画了"女史司箴,敢告庶姬"的内容,刻画了秀美端庄、秉笔直书的女官的形象。在忠于职守的女史对面是偕行的两位后宫佳丽,相顾而语。张华的《女史箴》是为规劝放荡暴戾、擅权祸国的贾皇后而写的,顾恺之画《女史箴图》也有儒家的劝戒教化之意,但他以生活为依据,描绘了贵族妇女在当时的真实生活,具有相当的史料价值。画中女性身材修长,楚楚动人,仪态端庄,云髻高耸,衣带飘逸,展现出了女性高雅优美的风度。

图 3-1　《女史箴图》摹本局部一

---

　　① 据明代董其昌鉴定,《女史箴图》上所书张华《女史箴》文即出自顾恺之之手,这种文图结合是画家从汉画题字与绘画配合的基础上发展起来的新表现形式。《女史箴图》为工笔画,画家以篆法入画,为经典工致的"春蚕吐丝描"。线条"紧劲连绵,循环超忽",这在当时是顾恺之的首创。

　　图 3-2 是描述封建礼教中宫廷妇女忠于帝王社稷的故事,"冯媛挡熊"画的是汉元帝与嫔妃等同游御苑,忽然一只黑熊攀槛而出,危机中皇帝、众妃都惊惶逃避,唯冯婕妤毅然不惧,挺身趋前,护皇挡熊,诸将士才得以上前将熊格杀。画中将冯婕妤的勇敢与汉元帝的惊惶失措形成鲜明对比,生动地表现了冯婕妤无私无畏的献身精神,准确地展示了情节的高潮部分。《女史箴》文以"夫岂无畏,知死不吝"的评语赞美了冯婕妤的自我牺牲精神。

图 3-2　《女史箴图》摹本局部二

　　图 3-3 是《女史箴图》中修容饰性一段。《女史箴》是用韵文拟女史官的口气针对贾皇后擅权,有所讽谏而写的宫廷箴规。图画上字的内容是:"人咸知修其容,莫知饰其性;性之不饰,或愆礼正;斧之藻之,克念作圣。"译成白话文就是:人都知道修饰自己的外貌,但不知注意自身品性的修养。不注重修身养性,容易做出违反礼法的言行。只有不断地提高修养,才能完善自己,令人敬仰。图中两个贵妇席地而坐,右边的贵妇一边握镜自照,一边化妆。她面朝里,但镜子映出她的部分面容,为画面增添了情趣。左边贵妇面对梳妆台,一个宫女在其身后为她梳头发。画中既有脸型丰满圆厚带有汉画遗风的人物,又有脸型清丽、身材修长更富于时代的特征的人物,后一类型开了南朝人物画"秀骨清象"特点的先声。画中没有过多的背景和物品,只有一些女人梳洗化妆的物品,如汉代式样的漆奁,漆奁里面放置着胭脂水粉、木梳等物件。这些奁具色彩深重,填充了画面的空白,使画面显得更加和谐,并为这个雍容、舒缓的画面增添了几个跳跃的音符。

图 3-3　《女史箴图》摹本局部三

二、《步辇图》

《步辇图》（图 3-4）是唐代阎立本所作，他的艺术主要以政治性题材的历史画和肖像画而垂名画史。

图 3-4　《步辇图》

此画以吐蕃首领松赞干布与大唐文成公主联姻的历史事件为题材，描绘了唐太宗李世民接见前来迎娶文成公主的吐蕃使臣禄东赞的情景。此画形象地体现了唐时汉藏人民之间的亲密关系，是一幅具有很高史料价值和艺术价值的作品。

从画面我们可以看到画家对唐太宗的刻画是最为精心的，也体现了初唐画家对人物精神气质的塑造能力。唐太宗魁梧、厚重，其形貌具有典型的贵族气质和庄重威严之感。唐太宗端坐在步辇上，双目平和地前视，显得矜持、威严、自信。其前后左右共有六个宫女抬着步辇前行,此外还有三个宫女手持做工精美的伞扇相随。左侧一组为进谒者。面向唐太宗而立的第一人头戴黑色官帽,腰束黑色腰带,足登黑色靴,这些黑色的小点块使袍服的大片红色更为沉稳。他举止有节,手执白色笏板,面对唐太宗而立,应为唐朝负责引见外族使者的典礼官。紧跟在红衣典礼官身后的人物为吐蕃使者禄东赞,他身着窄袖团花袍,额头宽广而略带皱纹,身材短小而精悍矫健,显示出游牧民族的体魄特点。他双手拱握在胸前,背微微弓起,其机敏的神情、谦恭的体态无不流露着他对大唐的虔诚和敬仰之情。禄东赞身后的着白袍者是翻译性质的官员。画中没有任何背景,构图洗练,突出了人物气质、神态的刻画。除了宫女为类型化描绘以外,其他所有人物都是个性化的,生动自然,展现出画家高超的绘画造诣。画中物象着色淡雅,物象有浑厚感和体面感,又色不掩线,保持了以线造型的绘画特征。

三、《清明上河图》

《清明上河图》(图 3-5)卷描绘的是清明时节北宋京城汴梁城及汴河两岸的风景、街道和各种人物活动。画卷长为 528.7 厘米,是人物画中罕见的长卷。起首处是春天郊野之景,远处小路上有人赶着驴队向城市方向走来。在接近城区处布满树丛和房合,枝头已呈嫩绿,这明确表示所绘为春天之景。汴河两岸是画面的主要内容之一。茶坊、酒肆、客栈分列路边。河中大小船只,有的停泊靠岸,有的仍在行驶。船体各部分描画极为严谨精细,船工中人物历历在目。沿着水面向前,则到了全画的高潮部位——虹桥。此桥结构复杂但不设柱梁,以拱形为基本造型,目的在于增加桥身的负重量。桥下一船正逆流而上,船身翘起的弧形正与虹桥构成呼应关系。桥下的船夫正在紧张操作,奋力拼搏。桥上沿着护栏站着众多围观者,他们正密切关注着船夫们与水流搏斗的紧张场面。而另一边护栏旁的人们正轻松愉快地观赏着对岸远景。桥面两边摆满了地摊,小商贩们正在向南来北往的各色人等叫卖销售。这一段是全画的重心所在,画家以高高拱起的桥身将观者的视线引向上方,加强画面的气势。

再往前,便进入城内街道。沿街两边的各种楼房建筑排列得井然有序,来往人群熙熙攘攘,有挑夫、车夫、小商贩、轿夫,也有贵族、富贾。许多店铺还挂有招牌,如卖羊肉的"孙羊店",卖药的"王员外家"以及其他"正店"、"香醪"等。这些都说明北宋后期城市商业的发达。相对于"虹桥"一段,这里显得平静、悠闲得多。沿街过桥横在面前的是一座高大突起的城楼,周围杂树掩映,城内外行人正在穿过,似乎又是画卷的一处高潮,但画面至此完结。

对此,人们可以有不同的猜测。或许是原作被截,致使画卷不完整,成为现在的样子。但就现存画面看,结尾处恰如乐曲中的休止符,全曲至此戛然而止,留给我们的是无尽的想象。

图 3-5 　《清明上河图》(局部)

《清明上河图》卷上每一个部分(哪怕是依桥观鱼的三五人)都有其独特的魅力。而画家对整体节奏的把握又使这一个个局部统一起来,形成有机、完美的画卷。

《清明上河图》艺术手法质朴无华,墨骨淡彩,线条遒劲老辣,兼工带写,设色清淡典雅,朴实浑厚。宫殿门墙、桥梁舟车,结构准确、比例合理。它不同于一般的界画,而是兼取了界画工整准确和写意画活泼淋漓的长处,使作品既有界画典雅精美的特点,又有写意画神韵毕肖的优点。最难能可贵的是,画家以其非凡的艺术才能和旺盛的创作精力,对整体气氛作了精确的把握,并就各种细节进行了缜密细致的描绘,满腔热情地歌颂了劳动人民在社会经济发展中所起的积极作用。全图波澜起伏,处处洋溢着永不消逝的生活魅力,能唤起观者无尽的思绪。

四、《葵石图》

《葵石图》(图 3-6)是明代陈淳的作品。由题目可知,此画描绘的主体是秋葵。花朵以较淡的水墨、草书的笔意点写而成,用笔灵活多变,将花瓣转侧的姿态,柔嫩的质感展现无遗。秋葵的叶子墨色较浓,而且以泼墨法随意点画,墨色淋漓,富于变化,将淡色勾勒的秋葵衬托得更为娇嫩无瑕。为了进一步烘托主体,表现杂草丰茂之状,画家又在秋葵周围添加了几竿疏竹和一些野菜。竹叶为细挺的线条双勾而出,显出飒爽的风貌。野菜则以意笔勾点而成,显得肥厚润泽。穿插其中的几根长长的草叶以顿挫的笔势撇出,为画面增添了几丝秋后的风意。湖石画在秋葵之后,墨色较淡于葵叶,采用了草书的笔法,笔墨干湿浓淡,恣纵多变。湖石表现得上实下虚,与前景处的景物既相混又分别,既对立又统一,成为一个有机整体。

图 3-6 《葵石图》

　　画中笔墨随物象的不同而极尽变化,韵味无穷。虽然陈淳与徐渭同属水墨大写意一路,但由于出身环境生活经历、思想性格迥异,故画面给人的感受也截然不同。徐渭画"有倔强不驯之气",陈淳画则温和闲雅,风姿秀媚,给人疏爽适意之感。《明画录》中赞陈道复水墨花卉说:"一花半叶,淡墨敧毫,疏斜历乱之致,咄咄逼真,久之,并浅色淡墨之痕俱化矣。"此评价是很中肯的。

五、《山水图》

　　《山水图》(图 3-7)为清代石涛所作,描绘了一片平淡无奇的江南乡野景色。近景处有一山峦,平缓而矮小。坡脚处是一片掩映于丛树中的村屋。物象的描绘见形见质,用笔不拘成法,轻重缓急、干湿浓淡,随笔写来,妙合自然。相对于清初"四王"的墨守成规、因袭守旧,石涛充分体现了他深入体察自然,强调真实感受的一面。此画景色显然来自生活,自然中宁馨平静的美激发了画家的创作灵感,遂诉诸奔放恣肆的笔墨。画中物象均以浓淡墨色皴染,薄施淡赭。又以一片淡淡的红色晕染天边,与轻拢的淡赭相应,造成晚霞初升的妙境。

图 3-7 《山水图》

第四章　中国民间工艺

　　中国民间工艺是中国民族艺术的一个重要组成部分,可以说民间工艺是民族艺术的灵感之源,甚至是其核心之所在。中国民间工艺种类丰富而又绚烂多彩,样样为人所称道。从诞生以来,中国民间各种工艺便有着强大的民众基础,千百年来久经不衰。本章精选了几种非常具有典型意义的中国民间工艺,包括剪纸艺术、年画艺术和灯彩艺术,可使读者从中一览我国民间工艺的无穷魅力。

第一节　民间剪纸艺术

一、　剪纸艺术的概述

　　剪纸是以纸为加工对象的艺术,其基本工艺是用剪刀或刻刀来进行镂空雕刻。民间剪纸历史悠久,在远古时代,人类就已经发现和运用了以影像造型作为表象的艺术手法,并继而创造了在各种材料上镂刻、透空的艺术语言。这在诸多的原始彩陶、岩画、青铜器、画像石中都有所体现。商周时代的器物箔片镂刻装饰,可谓是剪纸的先声。《史记》中"剪桐封弟"的故事记述了西周初期成王用梧桐叶剪成"圭"赐其弟,封姬虞到唐为侯,"剪桐"亦可以说是剪影的最初形式。据考证,从商代始(公元前 1600—前 1100 年)就有人用金银箔、皮革或丝织品进行镂空刻花制作装饰品。1950—1952 年在河南辉县固围村战国遗址的发掘中,发现了用银箔镂空刻花的弧形装饰物。这些用银箔镂空而成的装饰物,虽然不能说就是剪纸,但在刻制技术和艺术风格上与剪纸如出一辙,它们是民间剪纸的雏形。

　　真正意义上的剪纸,其历史应该从东汉蔡伦改进造纸术开始算起,有了纸才有了剪纸的发展。传说西汉武帝的宠妃李氏去世后,帝思念不已,卧不安寝,食不甘味,以致鬓发全白,容颜憔悴。齐人少翁用纸剪出了妃子生前的影像,夜深时从方帐中点烛,映出妃子生前的模样,汉武帝远远凝望,隐隐约约觉得像是宠妃再现人间,却又不能近观,悲切愈加,于是叹息道:"是耶非耶,立而望之,翩何姗姗其来迟。"这大概是最早的剪纸了。公元 105 年,蔡伦改进和推广前人的经验开始大量造纸,这种镂花形式因找到了更易普及的材料,而演进为剪纸艺术。用纸剪成美丽的图案花纹,目前最早发现而且有据可查的是在新疆维吾尔自治区吐鲁番的高昌故址(阿斯塔那北朝墓地)中发掘出来的魂幡纸钱,先后出土了五幅南北朝团花剪纸:对马团花(图 4-1)、对猴团花、金银花团花、菊花团花、八角形团花。这几幅剪纸采用的是重复折叠的方式和形象互不遮挡的处理手法,与今天的民间团花剪纸极为相似。

图 4-1 北朝墓地剪纸《对马》(残片)

从魏晋南北朝到唐代,剪纸已有较为广泛的用途,多与风俗有着直接关系。如立春之日,剪纸迎春,"镂金作胜传荆俗,剪彩为人起晋风",民间剪纸为花,为春蝶、春钱、春胜,"或悬于佳人之首,或缀于花枝下",相观以为乐;或作为女子装饰,"当窗理云鬓,对镜帖花黄";或用于安魂招魂,杜甫诗中就有"暖汤濯我足,剪纸招我魂"的句子。这种剪纸招魂形式至今还在陕西、甘肃等地保留,称"招魂娃娃"。或辟邪祛灾,除夕"门窗贴红纸葫芦,日收瘟鬼"。雨久,"以白纸作妇人首,剪红绿纸衣之,以笤帚缚小帚令携之。竿悬檐际,曰扫晴娘"(图 4-2)。后者也仍广泛流传在陕北地区民间的剪纸艺术中,又称"扫天婆"。

图 4-2 剪纸《扫晴娘》

以剪纸招魂就是当时流行的民俗表现形式(图 4-3)。这种用剪纸招魂的形式至今还在陕西白水、楚地一带保留着。楚地盛行招魂术,楚国南郢地的巫师常用此法给人治病,他们用剪纸图像模拟真人,用以招魂祛病。

图 4-3　执幡菩萨像(唐代剪纸)

唐宋时期,还流行"镂金作胜"的风俗。"胜"就是指用纸或金银箔、丝帛剪刻而成的花样。剪成套方形者,称为"方胜";剪成花草形者,称为"华胜";剪成人形者,就称为"人胜"。我国风俗认为正月初七是人日,旧时有在人日做"人胜"互相赠送祝福的风俗。南朝梁宗懔在《荆楚岁时记》中记载:"正月七日为人日(《东方朔传·岁时节》:天地初开,一日鸡,二日狗,三日猪,四日羊,五日牛,六日马,七日人,八日谷。其日晴所主之物盛,阴则灾。八日之中,尤以人日为重,又称"人胜节"),以七种菜为羹,或剪彩为人,或镂金箔为人,以贴屏风,亦戴之于头鬓;又造华胜以相遗。"唐代著名诗人李商隐《人日》诗曰:"镂金作胜传荆俗,剪彩为人起晋风。"20 世纪 60 年代在新疆出土的文物中,还有一件唐代的人胜剪纸,七个女子呈人形排列,此胜用于围饰发鬓。

唐代剪纸图案也应用于其他工艺方面。例如,一种金银镶嵌技术工艺,就是将刻镂的金银箔粘贴在漆器或铜镜的背面,经填漆磨干,在漆地上显出金光灿烂的花纹。唐代流行的夹缬,其镂花木版纹样也借鉴了剪纸形式制作成漏版印花板,其过程大致是先用厚纸雕刻成花版,然后将染料漏印到布匹上,形成美丽的图案。

宋代造纸业的成熟,纸品名目繁多,更为剪纸的普及提供了条件,当时有流行的民间礼品"礼花",贴于窗上的窗花,以及用于灯彩、茶盏的装饰(图 4-4)等。在杭州等地还有专门的艺人从事剪纸,出现了"剪字"、"剪镞花样"等专事剪纸的职业,剪纸的应用表现在许多方面。宋代民间剪纸也运用于其他艺术之中,如江西吉州窑将剪纸作为陶瓷的花样,通过上釉、烧制使陶瓷更加精美。其时民间还采用剪纸的形式,用驴、牛、马、羊等动物的皮,雕刻成皮影戏的人物造型。还有蓝印花布工艺制作的镂花制版,也是采用剪纸造型的技法。

图 4-4　宋代吉州窑剪纸贴花凤纹碗

明清时期,剪纸艺术走向成熟,并达到鼎盛。民间手工剪纸作品广泛运用于民间灯彩上的花饰、扇面上的纹饰以及刺绣的花样等。例如,江南地区有一种"夹纱灯笼",是在灯罩的骨架上蒙上两层细纱,将剪好的花竹禽鸟夹在纱中,隔纱映照,仿佛在轻烟之中。江苏省江阴县出土了一把正德年间的折扇,在两层白绵筋纸裱糊中间,夹上一幅剪纸,刻的是"梅鹊报春图",光线照射,清晰别致。而我国民间常常将剪纸作为装饰家居的饰物,用以美化居家环境,如门笺、窗花、柜花、喜花、棚顶花等(图 4-5)。这一时期还出现了构思完整的剪纸精品,被文人关注,并以此题辞咏诗,以尽雅趣。

图 4-5　现代广灵剪纸作品

除南宋以后出现的纸扎花样工匠外,中国民间剪纸手工艺的基本队伍是那些农村妇女。"女红"是我国传统女性完美的一个重要标志,作为"女红"的必修技巧——剪纸,也就成了女孩子从小就要学习的手工艺。她们从前辈或姐妹那里要来学习剪纸的花样,通过临剪、重剪、画剪,描绘自己熟悉而热爱的鱼虫鸟兽、花草树木、亭桥风景,以致最后达到随心所欲的境界,信手剪出新的花样来。

剪纸一直在民间广为流传,近代以来又演变为多种样式的艺术,装点、美化着人们的生活环境。中国民间剪纸手工艺术犹如一株常春藤,古老而长青,它特有的普及性、实用性、审美性使其成为一种普及大江南北的民间美术。

二、 剪纸艺术的分类与民俗应用

(一)剪纸的分类

剪纸艺术是我国最为普及的民间艺术之一,它大多是劳动妇女才智与手艺的表现。它制作简便,应用广泛。

剪纸也是民俗活动中重要的一项,而丰富的民俗事象,则为剪纸创作提供了广阔天地。民间剪纸与各地风俗习惯密切结合,表现了中华民族的民族精神和民族心理,是民族传统文化的有机组成部分。岁时节令、居住、服饰、诞生、成年、婚葬、寿筵,都在剪纸中都得到了反映。

剪纸过去在四时八节和婚嫁喜庆的民俗活动中占有很大的比例,有一些还用于其他工艺美术中,因而形成了不同的样式(图4-6)。从具体用途来看,剪纸大致可分为四类:

(1)张贴用,即直接张贴于门窗、墙壁、灯彩、彩扎之上作为装饰,如窗花、墙花、顶棚花、烟格子、灯笼花、纸扎花、门笺。

(2)摆衬用,即用于点缀礼品、嫁妆、祭品、供品,如喜花、供花、礼花、烛台花、斗香花、重阳旗。

(3)刺绣底样,用于衣饰、鞋帽、枕头,如鞋花、枕头花、帽花、围涎花、衣袖花、背带花。

(4)印染用,即作为蓝印花布的印版,用于衣料、被面、门帘、包袱、围兜、头巾等。

图4-6 剪纸扣碗

(二)剪纸的运用

1. 窗花与春节

窗花指的是用于窗户上作装饰的剪纸。过去无论南方北方,春节期间都要贴窗花(图 4-7)。民谚有云:"二四扫房屋,二七二八贴花花。"贴窗花是春节喜庆活动的一项重要内容,崭新的窗花也为新春增添了喜庆气氛。

图 4-7　窗花

春节贴窗花以北方最为普遍。北方农家窗户多是木格窗,有竖格、方格或带有几何形花格,上面张糊一层洁白的"皮纸",逢年过节便要更换窗纸并贴上新窗花,以示除旧迎新。窗花的形式有装饰窗格四角的角花,也有折枝团花,更有各种各样的适合花样,如动物、花草、人物,还有连续成套的戏文或传说故事窗花。还有一种布置较特别,即跨越窗格的窗花,在山东民间称作"窗越"。

为了不影响室内采光,窗花多为阳刻,以求得较多镂空的面积。窗花的外轮廓与窗架之间要求疏密有致,构图格局均衡,除装饰美化的因素外,还能起到防寒和透风的实际作用。为追求清新、亮堂、明快、亮丽的装饰效果,窗花多用细线造型,以达到玲珑剔透的视觉效果。

窗花不仅美化和装饰了人们的生活环境,而且寄托了老百姓对生活理想的追求与渴望——祈求生活富裕、后代昌隆、人寿年丰,以及避邪迎祥等,体现了窗花古老而丰富的文化内涵。从流传在大江南北的窗花样式可以看出,窗花比其他的剪纸样式更能代表剪纸的艺术语言。

2. 喜花与婚俗

我国自古重视人生礼仪,对婚俗活动更加重视。喜花剪纸是婚嫁喜庆时装点各种器物用品和室内陈设用的剪纸。一般是将剪纸摆衬在茶具、皂盒、面盆等日用品上，或贴在梳妆镜上。喜花图案题材多强调体裁的隐喻性，注重吉祥如意、喜气洋洋的寓意。在民间，"喜"有两层含义：

一是嫁娶之喜；一是生殖繁衍之喜。比如，西北地区结婚时流行贴"扣碗"和"蛇盘兔"。民间有"蛇盘兔，必定福"之说，"蛇盘兔"原意为属蛇的与属兔的男女结为婚姻是美满婚姻。"扣碗"图案是碗中扣有"蛙"，象征"娃"，即求子嗣之意。

喜花的色彩多为大红，构图布局采用"花中套花"和"字中套花"的方法。比如，喜花的"喜"字外形样式有圆形、方形、菱花形、桃形等；再配置以各种吉祥的纹样，如龙凤、鸳鸯、喜鹊、花草、牡丹（图 4-8）等，恰如其分地渲染出婚礼气氛和喜日的环境。

图 4-8　喜花

3. 礼花与祝福

礼花是指摆附在糕饼、寿面、鸡蛋等礼品上的剪纸，有瓷器花、家具花、猪头花、蛋花等。在广东潮州一带称作"糕饼花""果花"，在浙江平阳一带称作"圈盆花"。过去，农村中的人情往来都要带些礼品，多是些糕点、寿面、鸡蛋等，为表示郑重，要在这些礼品上衬上剪纸（图 4-9）。其题材多取吉祥喜气的图案，如在山东为庆贺生子的"喜蛋"上贴剪纸，或将蛋染红露出白色花纹；在福建农村互相馈赠寿礼，用乌龟图案象征长寿，有龟形糕饼，也有龟形剪纸。

图 4-9　礼花

4. 鞋花与定情物

鞋花是用作布鞋鞋面、鞋底、鞋帮等刺绣底样的剪纸。其形式一般有三种：一是剪成小团花或小散花，绣于鞋头，称"鞋头花"；二是适合鞋面的形状剪成月牙形，称"鞋面花"；三是由鞋头花的两端延伸而至鞋帮，称"鞋帮花"。另外还有一种"鞋底花"（图 4-10），旧时多用于"寿鞋"，或绣于布袜底上。鞋花布局一般多疏朗，题材有花草、小鸟等。有的鞋花在局部剪开而不镂空，此称"暗刀"，是绣花时套针换色的依据所在。

旧时在民间，鞋花在姑娘心中是向往爱情的象征，是姑娘出嫁前的定情物。在山东崂山，姑娘出嫁前都要给未婚夫绣上几十双鞋垫，以表示姑娘对情人的爱念。出嫁后鞋花又成为传递母爱的媒介，从孩子出生起，母亲就要为孩子剪纸绣花作鞋，孩子出生后将穿着绣花虎头鞋，一年一年地长大。

图 4-10　鞋花

5. 门笺与过年

唐代诗人韦庄《春盘》诗云："雪圃乍开红果甲，彩幡新剪绿阳丝，殷勤为作宜春曲，题向花笺贴绣楣。"这里讲的花笺指的就是门笺。门笺又称"挂笺""吊钱""红笺""喜笺""门彩""斋牒"。过年贴门笺也是一项古老的民俗活动，贴门笺除了有迎春除旧之意外，也有祈福驱邪之意。

门笺一般用于门楣上或堂屋的二梁上。其样式多为锦旗形，天头大、两边宽，下作流苏（图 4-11），多以红纸刻成，也有其他颜色的或套色的。其图案多作几何纹或嵌以人物、花卉、龙凤，中心部分再配上吉祥语，如"普天同庆""国泰民安""连年有余""风调雨顺""金玉满堂""喜鹊登梅""福、禄、寿、喜、财""五业兴旺"等。张贴时或一张一字或一张一个内容，或成套悬挂，一般以贴五张为多。

图 4-11　门笺

6. 斗香花

斗香花是一种套色剪纸，多用于祭祖祀神等民俗活动时的装饰。旧时祭祀总要烧香，一般香作线条状，叫"线香"，也有粗条状并盘绕成各种花纹，其纹如篆字，旧称"香篆"。这种香篆均需覆斗形底座并有竹签支撑，在底座和撑架上便装点着彩色的剪纸，称"斗香花"。其图案造型简练生动，色彩鲜艳强烈。配色一般用金及大红、桃红、绿、蓝、枯黄、淡黄、黑等七色蜡光纸组成，富有浓烈的装饰效果。斗香花题材有人物和神仙（如八仙、和合、寿星）等吉祥图案。多以蜡光纸刻制，每套十张左右。这种剪纸现已少见。

7. 剪纸团花

团花是剪纸的一种布局格式，呈圆形花样，四面均齐。这种装饰格式在剪纸中尤能显示其优异性。由于纸张可折叠，如对角折叠二次、三次、四次不等，便可剪出四面均齐的团花。我国最早的剪纸实物——新疆出土的北朝时期剪纸，即为团花格式，如"对马团花""对猴团花""八角形团花""忍冬纹团花""菊花纹团花"。由此可见，团花格式是剪纸中最为古老的格式。

8. 祭祀花与丧俗

祭祀花形式主要有剪纸旗幡、纸钱和纸扎的装饰附件。剪纸旗幡是祭祀时用于民俗活动中剪成旗幡形的剪纸。宋代浙江旧俗，如有病人，巫者执剪纸龙虎旗驱邪消灾。在丧礼中，送葬用的"魂幡"是用素纸剪成，剪纸魂幡与佛教中引路菩萨所持幡状物相关。"魂幡"一般多用白纸或蓝纸剪成，中间文字用黄色或金银色纸剪镂。其形状大小不一,大者丈余,小者四尺许,一般用于丧礼和祭祀活动中。丧礼多用在出殡当天,由死者长子披重孝持举在棺椁前。另一种魂幡是由纸人金童玉女手持,上写"金童接引西方路,玉女随行极乐天",用来为死者招魂。

"纸钱"多用萱草纸剪刻而成,托以招魂和送钱之意。纸钱的形式简单,一般除出殡时持吊钱、撒过路钱外,大都用草纸聚角折叠而成。多是仿圆形方孔铜钱,有的刻上年号文字,有的则剪成装饰性吉祥图案和阴曹地府形象。

祭祀花中最具特色的是纸扎附件,它是仿门窗棂格形式组成的图案,俗称"格子花"。格子花多用于苏楼、主屋、莲台的门窗、楼边、雀替等,有一定的程式。

9. 墙花、顶棚花与民居装饰

墙花又称为炕围花,一般贴于炕围墙上。它比窗花大,题材多为戏曲人物、民间传说等,有故事情节,便于卧游品赏。有些墙花用汉字装饰,用象征、谐音、会意的手法构成图案。

顶棚花多贴于用高粱秆扎成的"顶棚"上,北方称为"糊纸"。过去,北方习惯在天花板上裱糊白纸,叫做顶糊。顶棚花的幅面较大,粘贴时,中间贴一张圆形或多角形团花剪纸(图4-12),四周装饰则多用蝴蝶、云勾勾、富贵不断头等纹样。顶棚花在制作时多将纸折叠起来,剪成对称的形式,或花鸟,或缠枝纹。所用的色纸有红、绿、黑等数种。

图 4-12　顶棚花

10. 重阳旗

重阳旗是插于重阳糕上的三角形剪纸。农历九月九日是我国传统的重阳节,民间要举行种种活动,其中有一项便是品尝重阳糕。重阳糕是用米粉、芝麻、白糖、薄荷等做成的,清香爽口。出售时附送一种三角形的彩旗,专供儿童玩耍,或是插在重阳糕上,以区别于其他糕点。这种重阳旗多用剪纸做成,花纹多刻龙虎之类。

剪纸艺术在民间应用广泛,体现了民俗生活中平民百姓的审美追求和审美心理。剪纸就是这样一种扎根于民众之中、与人民群众的生活习俗息息相关、为千家万户增色添喜的一种民间艺术样式。

三、民间剪纸的制作工艺

剪纸的形式特征与特定的制作工具、材料性能相关。其制作工艺有两种,一种是用剪刀剪的,一种是用刻刀刻的。因为是在纸上通过剪、刻造型,所以在对纸进行镂空、剪刻时,要使纸条和块面之间相互连接,剪出来的画面切忌散落、断开,以线面相连、线线不断为最佳的艺术效果。

(一)剪刀技艺

剪刀技艺主要是剪和刻的技巧:起剪要准,行剪要顺,运剪要活,收剪要稳。一刀一剪都要光滑整洁、锋利,剪出的线条要流畅清爽,这才有刀锋、刀味和纸味。辅助方法有刻和刺。刺是用针点刺,点点相连,形成虚线,疏密随意,构成图案。剪刀技艺主要有阳剪、阴剪、阴阳剪结合、刻纸等几种形式。

阳剪亦称阳刻、镂刻(图 4-13)。它是中国画线描造型的发展,其特征是保留物象的造型线条,剪去或刻去线条以外的块面部分。其每一条线都是互相连接的,牵一发而动全身。此法在剪纸中最为常见。

图 4-13　阳刻剪纸

阴剪亦称阴刻、镌刻(图 4-14),方法与阳剪相反。其特征是剪去物象轮廓内的结构,保留物象轮廓以外的部分。其线条不一定相连,以整体块状为主。此法效果强烈,对比鲜明。

图 4-14　阴刻剪纸

　　阴阳剪结合主要是根据画面虚实关系的需要和内部所强调的效果而同时采用的方法(图 4-15),其特征是构图变化多样,作品表现力增强。

图 4-15　阴阳剪集合剪纸

　　刻纸是直接在纸上用雕刀剔制,讲究下刀快、行刀畅、收刀直。

(二)用纸技艺

　　民间剪纸讲究以单色为主,或黑或白,或红或绿。因大红色给人以强烈的喜庆感和视觉刺激,大部分地区的剪纸都以红色为主。纸质要求不高,一般皆用土纸、毛边纸,也有用金箔纸、有色宣纸或绵纸的。方法是随类赋彩,采用套色和染色。套色分衬色、拼色两种,染色分点彩、勾绘两种。

　　1. 套色剪纸

　　(1)衬色剪纸

　　衬色剪纸(图 4-16)有两种表现方式:一种是将主题相同而色彩不同的剪纸粘贴在一张色纸上;一种是在一张单色剪纸背面按画面需要衬以几何形的色纸,依靠色彩对比和线条呼应来烘托画面的气氛。

图 4-16 衬色剪纸

（2）拼色剪纸

拼色剪纸也称短色剪纸、分色剪纸（图 4-17），指用剪好的不同颜色、不同形状的纸拼成一个画面。制作时用不同的色纸一次刻出多幅画面，然后将画面上的各部分一一刻断，剪刻后重新穿插搭配色彩，拼成装饰性强、效果鲜丽明快的画面。

图 4-17 拼色剪纸

2. 染色剪纸

（1）点彩剪纸

点彩剪纸（图 4-18）也叫点色剪纸、染色剪纸，以宣纸为材料，镂刻多为阴刻，点染的水色系颜色中加白酒调释，渗透力较强，一次可点染 20～30 张剪纸。颜色渗透自然，画面色彩艳丽。

（2）勾绘剪纸

勾绘剪纸也叫绘色剪纸。其制作方法有两种，一种是在纸上剪出大致轮廓，然后用毛笔赋彩并勾绘出物象的细部；一种是先在纸上用色笔画出轮廓,然后再将多余处的空白剪去。

　　近年来有些地区还喜欢采用木印剪纸(图 4-19)。即在纸上用木版印出图案花纹,然后将其空白处剪去。

图 4-18　点彩剪纸

图 4-19　木印剪纸《奥运》

(三)施工技艺

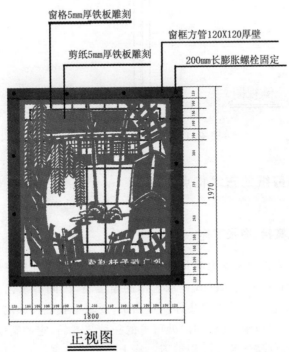

窗格5mm厚铁板雕刻

剪纸5mm厚铁板雕刻

窗框方管120X120厚壁

200mm长膨胀螺栓固定

1970

1800

正视图

图 4-20　剪纸施工图(正面)

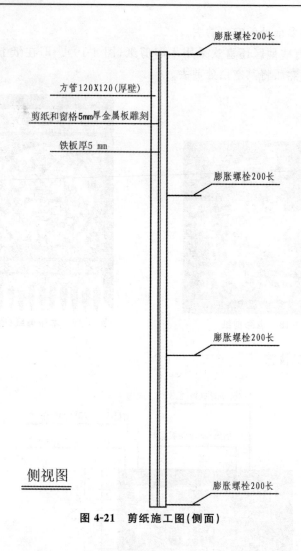

膨胀螺栓200长

方管120X120(厚壁)

剪纸和窗格5mm厚金属板雕刻

铁板厚5 mm

膨胀螺栓200长

膨胀螺栓200长

侧视图

膨胀螺栓200长

图 4-21　剪纸施工图(侧面)

四、民间剪纸的艺术特点

(一)简练概括、夸张写神

民间剪纸是劳动人民为满足精神生活的需要而创造,并在他们自己当中应用和流传的一种艺术样式。从艺术的角度看,民间剪纸艺术是属于精神文化的范畴,它是劳动人民集体创造出来,反映了我们民族的集体表象的一种文化模式。"剪纸"是民间随处可见的一种艺术品,它的制作工具简单,用料价廉易得,只需纸片和一把剪刀。遇上手巧的农家妇女或民间艺人,拿起剪刀,顷刻绞出,惟妙惟肖,真可谓巧夺天工,令人赞叹不已。民间剪纸的作者们在创造时,虽然没有任何政治功利因素,但有生活方面的功利意识潜入在其中。他们在创造时,往往让人(包括创造者自己)从中感受到一种审美情趣。这是由于"它们是适合于人的审美经验的审美心理而形成的美感"。所以,从客观上说,中国民间剪纸是一种物承文化现象,它不仅有它的造型形式的传承,而且还有着它自身深层独有的特定内涵。人们歌颂生命,赞美人生的欢乐,追求人生的幸福圆满、健康长寿,祈求家庭和睦多子、丰收安乐。

由于剪纸手段的局限,只能在平面上进行雕、镂、剔、刻、剪等,各造型要素必须连接在一起才能构成画面。线是剪纸造型的基本语言,其形象结构都得由线来表现,画面上的点、面和结构都得由线来连接与区分。因此组织和运用好线是关键的一步,也是民间剪纸形成各自特点的重要原因。有的线条浑厚、稚拙,有的线条严谨、灵巧,有的用阳刻线形成刚毅而富有弹性的风格,有的用阴刻线产生低沉而圆润的效果。那些技艺很高的民间艺人剪纸的本领,不是一天两天、一年两年的工夫,而是女承母艺,代代相传,天长日久练就的。俗话说"熟能生巧",他们随兴所至,便能不依样,不画稿,随意剪来。这里所说的"随意"乃是艺人们对生活的长期观察、积累和反复琢磨、反复实践而达到的一种境界,它凝结了作者的审美观、审美理想,体现了变自然形态美为艺术美的能力,这样创作出来的作品有着极高的审美价值。

(二)善用比喻、谐音寓意

从中国民间剪纸的纹饰寓意中,我们可以看到从中反映出来的中国民间图腾崇拜和宗教信仰的传承,以及当地民众的心理特征、生活追求和审美情趣。它是我们探寻本民族的民族渊源和原始文化的活证。例如"蛙"一形象在民间剪纸中屡见不鲜,民间常将它视为一种威力的象征,看作是生活中最可靠的保护神,并将"蛙"这一自然中丑陋的动物形态,运用民间美术中的造型手法,将其变为神圣、稚拙、亲切、动人、给人美感的剪纸花样,缝绣在孩童的枕头、围涎、肚兜、香包等衣物上,希望孩子在"蛙"的保护下,茁壮成长,美满幸福。

民间这种对"蛙"的崇拜信仰,并不是近百年才有的,它有着悠久的历史渊源。在远古神话中就有以"蛙"为图腾物的传说。我国的"女娲神话的来源"就是"来自母系氏族社会以'蛙'为图腾的氏族"。"蛙"是一种原始人类对自然崇拜的产物,随着历史的变迁,也一直传承下来。从仰韶文化遗址中出土的彩陶器上,也可以看到许多以"蛙"为题材的图案,原始民众将它与植物文饰组合在一起变化成几何图案,描绘在陶器上,造成一种优美的艺术效果。

在湖南长沙马王堆汉墓出土的帛画上,"蛙"则被视为"月精蟾蜍"。需要指出的是,"蛙"这一图腾物产生以来,囿于民间文化而没有上升到中国的上层文化之中,所以也就得不到龙凤那样由皇权所推崇的中华文化象征的地位。但是,作为一种原始图腾物,"蛙"一形象虽然在中国上层文化中没有得到它应有的地位,却在民俗文化中得以流传,并保持了它的原始崇拜敬仰之地位。就这一文化现象看,开展对中国民间剪纸艺术的研究,有利于我们探索原始文化的演变。中国民间剪纸艺术和世界各地的许多民间艺术一样,都是原始文化的嫡传物。它作为民俗文化中的元素,紧紧地依附于当地的民俗活动之中。在它的意象符号中,不仅赋予了原始艺术符号创美好生活的祈求和追求美的质朴情感,而且有着强烈的"生命繁荣旺盛"的审美理想。"这个审美理想来自民族、人类群体的基本追求"。

在民间剪纸艺术中,人们为了表达那些难以用具象表达的内容,往往托物抒情,或借助自然物象的谐音来表达。龙凤这两个吉祥物是中华民族所共同创造的,也是全民族所共有的,因而也最具民族特性,大家所熟知、所喜爱的《龙凤呈祥》《鲤鱼跳龙门》等图形可谓应用频率极高、托物抒情的吉祥图形,无论从它所表达的情感或是从它造型的形式美感来看,这些命题的剪纸都是丰富多彩的,自然具有很高的审美价值。

(三)构思大胆、幽默取巧

在长期的文化积淀中,中国民间逐渐形成了一系列的艺术意象符号,如"凤穿牡丹"、"莲花多子"、"鸳鸯戏荷"、"福寿双全"、"瓜瓞绵绵"、"如意似锦"、"葫芦五毒"等等花色纹样的剪纸,并将这些民间剪纸融入到各种民俗事象活动中,来满足广大民众精神心理上的需要,以扶持人类的生存,充实人类的生活。这些民间剪纸不仅有一定的形式,而且在不同的民俗事象中有固定的含义。这些含义是在本民族长期文化的积淀中逐渐形成的,并得到民族大众的认可,成为本民族大众所能理解的意象符号,只有这些意象符号在人们的头脑中稳定下来后,它才富有一定的感情价值。也只有"当形式具有某种含义时,这种含义就赋予艺术品更高的美学价值"。在不同的民间岁时年节、人生礼仪、巫术祭祀活动中,就要用与这一民俗活动相适宜的剪纸样式来装饰环境。

由于民间剪纸不宜表现纷繁复杂的场面和具有前后层次的三度空间,这就"迫使"作者采取特殊的、有时看来是不合情理的方法来表现。

民间艺人凭着自己的感受在纸上施展自己的才华,以将所要表现的事物"推压"到一个层面上,或以鸟瞰或以移动视点的思维方式来表达对客观事物的理解和认识,并将自我的理解融贯于刀剪之中,经营着传统结构布局法则,进行平视构图或者说是使构图平面化。在作品中已不见前后之间的纵深变化,各种物体互不遮挡,充分展示着各自的美。

透叠是表达作者想象和联想的一种艺术语言,也是民间美术造型中很有特色的一种方式。如王占兰剪的《猴吸烟》,现实中肚子里的小猴崽是看不见的,但是民间艺人就大胆地把它剪出来了。她们既剪看到的,也剪看不到的;既剪表层的,也剪深层的,把自然界中存在的具象与想象中的各种事物协调统一到一体之中,他们获得的这种心理上的"自由"是任何文人画家难以做到的。

艺术品是人对自然的理解。丰富的生活,使人的视觉感知印象纷纭繁复。民间剪纸艺人的创作不是以写生的方式将自己捕捉到的形象固定在纸上,而是将这多种多样的感受集中、重组表现于剪纸作品之中,并且这种表现强化了物的本质特征。凭多种印记重组的物体就无疑是夸张变形的。有人十分感叹民间剪纸艺人夸张变形的能力,其实对民间剪纸艺人来说夸张变形与不夸张变形是一回事,信手剪来就是这样。

(四)富于装饰、应物赋形

过年时人们在门窗上贴上用红纸剪的"吉祥如意"、"五谷丰登"、"富贵平安"、"五福临门"等等纹饰的剪纸时就会感到红红火火,得到一种精神上的喜悦和欣慰。这种喜悦和欣慰正体现了中国民间剪纸这一粗糙稚拙的大众艺术所"拥有伟大的要素"。即它能给予广大民众心理上的平衡和精神上的满足。从艺术的角度来看,民间剪纸艺术是我国传统精神文化的一部分,它不仅具有审美欣赏价值,还具有很强的实用性价值。由此我们可以看出,民间剪纸是一种精神文化的物化现象,应归属于我国民族传统的物质文化中。

剪纸团块造型是以大块面积剪出物象外形,再在外形内挖剪出细部结构和装饰纹样。当然,就制作过程来说,也可以先在内部掏抠细部结构和装饰纹样,然后再一剪定乾坤,将外部轮廓大刀阔斧剪下。影像造型的魅力在于给欣赏者留有想象的空间,让观众在想象中进行再创造,从而带来审美的愉悦。由于影像外在特征简洁、鲜明而形成"实",诱发欣赏者丰富的想象力,从而成为艺术创造的依据。影像内在结构模糊所产生的"虚",与外轮廓的"实"形成虚实分明,虚实相生,具有强烈的艺术品位。为欣赏者的再创造提供了更多的想象空间,让其补充艺术形象。这种由一个基本封闭式的外形构成的团块造型,是由于剪纸"连接"的特殊需要所造成的,是剪纸特有的一种形式,别具浑厚浓重的审美意趣和整体概括的形式美感。

五、剪纸艺术的地域特色

我国剪纸分布地域很广,其风格千姿百态,大体可以归纳为北方和南方两大类型。北方剪纸构图简洁古朴,造型浑粗犷豪放,线条浑厚苍劲,风格热情雄浑;南方剪纸则构图繁茂严谨,造型细密纤巧,线条细腻流畅,风格精巧秀美。正如郭沫若所云:"曾见北国之窗花,其味天真而浑厚。今见南方之刻纸,玲珑剔透得未有。"此语道破了南北剪纸风格的不同特点。

(一)南方剪纸艺术

1. 广东佛山剪纸

广东佛山剪纸历史悠久,源于宋代,盛于明清时期。从明代起,佛山剪纸已有专门行业大量生产,产品销往省内及中南、西南各省,并远销南洋各国。

佛山剪纸按其制作原料和方法分别有铜衬、纸衬、铜写、银写、木刻套印、铜凿、纯色等几大类。它利用本地特产的铜箔银箔,用剪、刻、凿等技法,套衬各种色纸或绘印上各种图案,形成色彩强烈、金碧辉煌、富有南方特色的剪纸。佛山剪纸既有纤巧秀逸的作品,又有浑厚苍劲的表现手法(图 4-22)。

图 4-22　二龙戏珠(佛山剪纸)

在古代,佛山剪纸的主要用途是节日礼品的装饰、祭祀装饰、刺绣雕刻图样、产品商标等。随着社会的发展,佛山剪纸在传统的基础上,发扬其构图严谨、装饰性强、剔透雅致、金碧辉煌的优势,融入反映时代生活的题材,走传统艺术创新之路,在我国剪纸艺术中较具代表性。

2. 福建民间剪纸

福建各地的剪纸都有不同的特点。山区的南平、华安等地以刻画山禽家畜的作品较多,表现较为粗壮有力、淳厚朴实;沿海的闽南、漳浦一带则屡见水产动物入画,风格细致造型生动;莆田、仙游一带以礼品花为主,倾向于华丽纤巧。

　　福建剪纸的用途也很广泛:岁时节日的窗花、门笺、灯花、仪礼花及刺绣的稿样等。泉州艺人还把刻纸应用于建筑、家具上,作复印漆画的底版。

　　福建剪纸最有特色的样式应为莆田的礼品花(图4-23)。福建人不论是贺生、贺喜、贺寿还是祭神、祭鬼、祭祖,不论是馈赠还是摆供,也不论是礼轻还是礼厚,都要赋上一枚鲜红的剪纸花。

图 4-23　莆田的礼品花

3. 扬州剪纸

　　扬州是我国剪纸流行最早的地区之一,扬州剪纸历史悠久,源远流长。据说隋炀帝三下扬州,广筑离宫别馆,恣意游乐。每到冬天,园苑中花树凋零,池水结冰,隋炀帝游兴不减,令宫女们仿照民间剪纸,用彩锦剪为花叶,点缀枝条,挂于树上,同时剪成荷花、菱芰、藕芡等物,去掉池中冰块,逐一布置水上,如同春夏之交的艳丽景色,让人赏心悦目。由此,扬州就形成剪纸迎春的风俗。立春之日,民间剪纸为花,又剪为春蝶、春钱、春胜,或悬于佳人之首,或缀于花下,相观以为乐。

　　明清时,扬州剪纸增强了装饰性,欣赏结合实用,既用于妇女儿童的装饰,作为刺绣的底样,剪制鞋花、枕花、台布花、床单花等,也用于民间风俗仪饰,如年节图案、喜庆图案、门前花饰、灯彩花、龙船花、斗香花之类。

　　扬州剪纸题材广泛,有人物花卉、鸟兽虫鱼、奇山异景、名胜古迹等,尤以四时花卉见长。其特点是以画为稿,线条清秀流畅,构图精巧雅致,形象夸张简洁,技法求变求新,形成了特有的"剪味纸感"艺术魅力,具有优美、清秀、细致、玲珑的艺术风格和地方特色(图4-24)。

图 4-24　松下鸣琴（张慕利）（扬州）

新中国成立后,扬州剪纸同其他传统手工艺一样得到了党和政府的重视。1955 年,扬州成立了民间工艺社（现为扬州工艺厂）,把民间流散的艺人组织起来,并提供良好的工作条件,大大激发了他们的创作热情。著名老艺人张永寿,是扬州剪纸艺术的优秀代表,其主要作品有 20 世纪 50 年代的《百花齐放》、70 年代的《百菊图》和 80 年代的《百蝶恋花图》三部剪纸集。1979 年,张永寿被国家授予"中国工艺美术大师"称号。

4. 浙江民间剪纸

《武林梵志》载五代时"吴越践王于行吉之日……城外百户,不张悬锦缎,皆用彩纸剪人马以代"。这描绘了吴越故地上曾出现的一个宏大剪纸景观,由此亦可见浙江剪纸的历史。浙江省的窗花剪纸各地都有,以金华地区永康、浦江、磐安,温州地区的乐清、平阳等地较多。风格略有不同,温州、乐清两地的作品多为"刻"纸,其他地方均是"剪"纸,以乐清的"细纹刻纸"最富特色。

乐清的细纹刻纸主要用于装饰"龙船灯"。"龙船灯"是乐清人民一种独特的传统手工艺,每逢新春佳节,乐清县中雁荡山麓村村都扎起"龙船灯",其体积有 3～4 米见方,分为日龙、夜龙与活动首饰龙三种。前有龙头,后有龙尾,整个龙体造型象征着自由和力量。在一年一度的新春佳节,人们希望在新的一年里能驱凶纳福,人口平安。正是为了寄托这个美好的愿望,人们不惜成本聘请扎纸艺人来扎制"龙船灯"。"龙船灯"上除装有一台台绸制的古装戏曲人物外,在灯四周从里到外贴着 4～7 层琳琅满目、五彩缤纷的细纹刻纸。这些刻纸,本地人称之为"龙船花"（图 4-25）。"龙船花"极为精致而富于装饰味。夜晚,首饰龙腹内点着灯,映照得四周七层刻纸花样玲珑剔透、瑰丽多姿。

图 4-25　龙船花

(二)北方剪纸艺术

1. 山西剪纸

民间剪纸在山西是一种很普遍的群众艺术,那些年过半百的老大娘和纯朴俊秀的姑娘,常常借助一把小小的剪刀或刻刀,弯曲自然、运转灵活地在纸上镂空剪刻各种花样,用以装点自己的生活。

山西民间剪纸的体裁格式,根据各地民俗与实用需要因物、因事制宜。最常见的是窗花,它的大小根据窗格的形状来定。如晋北一带窗户格式有菱形、圆形、多角等样式。窗花也随窗而异,小的寸许,精致灵巧,稚趣横生;大者有四角、六角、八角呼应的"团花",素雅大方。在忻州一带,每逢欢庆春节或操办婚事,都要贴"全窗花",即剪出柿子、如意、牡丹、佛手、莲花、桂花、笙等,祝愿新媳妇善于女红,早生贵子,美满幸福。

山西民间剪纸的风格,总的来说具有北方地区粗狂、雄壮、简练、纯朴的特点。但是,因地域环境、生活习俗、审美观念的不同,各地剪纸又有差异。如晋南、晋中、晋东南、晋西北、吕梁山区的剪纸,多为单色剪纸,风格质朴、粗犷。而流行于雁北地区的染色剪纸,则婉约典雅、富丽堂皇,尤以"广灵窗花"为代表(图 4-26)。

图 4-26　山西广灵窗花

2. 陕西民间剪纸

陕西从南到北,特别是黄土高原,八百里秦川到处都能见到红红绿绿的剪纸。那古拙的造型、粗犷的风格、有趣的寓意、多样的形式、精湛的技艺,均在全国的民间美术中占有很重要的位置。

　　陕西剪纸,专家们称之为"活化石",因为它较完整地传承了中华民族古老的造型纹样,如鱼身人面、狮身人首,以及与古代周文化相似的"抓髻娃娃",与汉画像所相似的"牛耕图"等。这些都传承了中华民族阴阳哲学思想与生殖繁衍崇拜的观念,这些原始的崇拜观在现在还流行的一些图样中仍保持着,如"鹰踏兔""蛇盘兔""鹭鸶衔鱼""鱼戏莲""蛙、鹿、鱼、鸟"等。

　　在陕西剪纸艺术中,首推陕北安塞民间剪纸。这一地区由于近百年来交通闭塞,地处偏僻,外来文化较难传入,古代的文化艺术却被农家妇女传承了下来,并代代相传。有些剪纸继承汉代画像石风格,外轮廓极其简练、饱满、生动,想象力丰富。

　　剪纸是妇女们创造的文化,在陕北安塞曾有"找媳妇,要巧的"的习俗,给娃找媳妇,"不问人瞎好,先看手儿巧""手儿巧"就是看剪纸绣花。人们普遍认为,剪花好的女子肯定聪明,以后生下的娃娃自然也是聪明的。民歌《迎亲歌》道:"生女子要巧的,石榴牡丹冒铰的。"冒者,即随意也。实际上安塞女子剪纸已达到随心所欲的境地。如今在陕北农村,会剪花的仍被全村人所敬重。每到腊月天,婆姨们在一起相互学着剪花,有好样子出来,争相替样。正月,妇女们相互串门看谁的窗花好,看谁手最巧。

　　库淑兰是陕西旬邑县民间拼贴剪纸的高手,她被陕西省文化厅称为剪纸艺术大师。她把拼贴剪纸发展到极致(图 4-27),使专家学者惊叹不已,台湾汉声为库淑兰出版了大型专辑画册。中央电视台、陕西电视台也拍摄了专题片进行报导。

图 4-27　剪花娘娘(库淑兰)

　　3. 山东民间剪纸

　　山东民间剪纸从造型风格上大致可分为两类：一类是渤海湾区域粗犷豪放的风格，与黄河流域其他省份的剪纸一脉相承；另一类则是更有特点的山东胶东沿海地区以线为主、线面结合的精巧型剪纸，它似乎与山东汉代画像石细微繁缛的风格一脉相承，以其花样密集的装饰手段著称。

　　山东胶东称手巧的女子为"伎俩人"，"伎俩人"不管出在哪个村，都是人们引以为荣的事。她们的花样子常常用烟火熏在土纸上到处流传，成为远近乡村剪花的样式。胶东剪纸的用途大多是装饰窗户。胶东的窗户多是细长条形的格子，一般只能贴一些小的花，妇女们开发自己的创意，运用化整为零的方法把大的构图分割成条形剪出，再贴到窗上组合成一个完整的画面。这种称为"窗越"的剪纸一般贴在"窗心"。另有"窗角花""窗旁花"以及悬挂在窗前会活动的"斗鸡花"等，构成了系列性的"棂间文化"，与节庆的居室布置相适应（图4-28）。

图 4-28　蝈蝈（山东剪纸）

　　4. 河北蔚县剪纸

　　河北蔚县剪纸，历史悠久。据史书记载，其始于清朝道光年间，迄今已有150多年的历史。它以窗花见长，"天皮亮"可说是最早的窗花形式，即在云母薄片上绘图着色进行装饰。后来河北武强县的木版水印窗花传入，剪纸艺人便借鉴其色彩特点，模仿"天皮亮"的透明效果，以刻代剪，形成蔚县剪纸的独特风格。

　　蔚县剪纸以"阴刻"。和"色彩点染"为主，故有"三分工七分染"之说。其制作工艺在全国众多剪纸中独树一帜，这种剪纸不是"剪"，而是"刻"，是以薄薄的宣纸为原料，拿小巧锐利的雕刀刻制，再点染明快绚丽的色彩而成。其基本制作工艺为：设计造型—熏样—雕刻—染色，要求"阳刻见刀，阴刻见色，应物造型，随类施彩"。尤其是"拉胡须"的技法（图4-29），从那一根根细致而匀称的毛发和胡须,就能看出其难度。其题材多取白戏曲人物,也有花鸟鱼虫、飞禽走兽等吉祥形象。其作品构图饱满,造型生动,色彩璀璨,浑厚中有细腻,纤巧里显纯朴。把它贴在纸窗上,通过户外阳光的照射,显得玲珑剔透、五彩缤纷。

图 4-29　河北蔚县剪纸

蔚县剪纸是全国唯一的一种以阴刻为主的点彩剪纸,素以刀工精细、色彩浓艳而驰名。蔚县剪纸以其特有的趣味性、装饰性在全国种类繁多的民间剪纸中独具一格,保持着旺盛的生命力。基于此,1991 年文化部将蔚县命名为"中国民间艺术之乡——剪纸之乡"。2003 年 8 月,中国文联及中国民间文艺家协会又将蔚县命名为"中国剪纸艺术之乡"。

六、优秀剪纸作品欣赏

(一)"十八怪"系列剪纸作品

东北特殊的气候和生态环境,使生活在这片土地上的人们,形成了独特的生活习惯以及风土人情。随着闯关东的热潮,关内人来到东北这片土地,首先看到的是和自己不一样的风俗和习惯,于是总结出一些东北"三大怪""四大怪""八大怪"等顺口溜,以此来描绘他们看到的东北,一直到现在逐渐总结出东北"十八怪"。这"十八怪"并不一定代表了全部的东北民俗,不同的归纳也有一些不同的说法。

图 4-30 "十八怪"之一

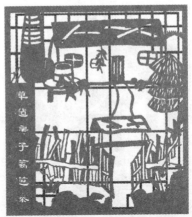

图 4-31 "十八怪"之二

图 4-32 "十八怪"之三

图 4-33 "十八怪"之四

图 4-34 "十八怪"之五

图 4-35 "十八怪"之六

图 4-36 "十八怪"之七

图 4-37 "十八怪"之八

图 4-38 "十八怪"之九

图 4-39 "十八怪"之十

图 4-40 "十八怪"之十一

图 4-41 "十八怪"之十二

图4-42　"十八怪"之十三

图4-43　"十八怪"之十四

图4-44　"十八怪"之十五

图4-45　"十八怪"之十六

图4-46　"十八怪"之十七

图4-47　"十八怪"之十八

（二）"三十六行"系列剪纸作品

《清稗类钞·农商类》中说："三十六行者，种种职业也。就其分工而约计之，曰三十六行，倍则为七十二行，十之则为三百六十行。"今天人们常说的七十二行或三百六十行，并非具体数字，且因地区差异，三十六行也略有不同。在东北地区也存在着民间三十六行，他们分别是：修雨伞、修鞋、卖货郎、卖艺、说书、打糖稀、吹糖人、生缸匠、制灯笼、瓦匠、打铁匠、耍猴、钱庄、农耕、捕鱼……

图 4-48　"三十六行"之百戏

图 4-49　"三十六行"之搬运工

图 4-50　"三十六行"之道士

图 4-51　"三十六行"之店小二

图 4-52　"三十六行"之瞽目人

图 4-53　"三十六行"之和尚

图 4-54　"三十六行"之郎中

图 4-55　"三十六行"之磨刀匠

图 4-56　"三十六行"之磨豆腐

图 4-57　"三十六行"之农耕

图 4-58 "三十六行"之生缸匠

图 4-59 "三十六行"之石匠

图 4-60 "三十六行"之说书人

图 4-61 "三十六行"之童子

图 4-62 "三十六行"之瓦匠

图 4-63 "三十六行"之修鞋

图 4-64 "三十六行"之渔夫

图 4-65 "三十六行"之渔鼓

图 4-66 "三十六行"之造纸工

图 4-67 "三十六行"之弹棉郎

图 4-68 "三十六行"之裁缝

图 4-69 "三十六行"之戏子

图 4-70 "三十六行"之刺绣匠

图 4-71 "三十六行"之修伞匠

图 4-72 "三十六行"之做灯笼

图 4-73 "三十六行"之拳师

图 4-74 "三十六行"之木匠工

图 4-75 "三十六行"之卖货郎

图 4-76 "三十六行"之耍猴匠

图 4-77 "三十六行"之打糖稀

图 4-78 "三十六行"之吹糖人

图 4-79 "三十六行"之烘山芋

图 4-80 "三十六行"之打铁匠

图 4-81 "三十六行"之卖胶冻

图 4-82 "三十六行"之剃头匠

图 4-83 "三十六行"之编蓑衣

第二节 民间年画艺术

一、民间年画的概述

年画,顾名思义,就是过年(春节)时张贴的画。年画艺术是一种深深扎根于民间的造型艺术,具有广泛的群众基础和不可漠视的社会影响。长期以来,各地年画之所以受到人民群众的深深喜爱,原因不仅仅在于其画面热闹紧凑,色彩鲜艳夺目,以及人物俊俏、画题吉利等,更重要的还在于它的题材符合老百姓的意愿,它表现的内容迎合了广大民众的心理。

年画是在漫长的岁月里,随着年节风俗的演变而衍生的,它的起源可以追溯到人类远古时期的自然崇拜观念和神灵信仰观念。自先秦以来,上自天子,下至庶人,都崇拜、祭祀门神,认为这样可以驱邪祟、纳祥福。我国早期的年画都与驱凶避邪、祈福迎祥这两个母题密切相关。在祈祷丰收、祭祀祖宗、驱妖除怪等年节风俗习俗化的过程中,逐渐出现了与之相适应的年节装饰艺术,如画鸡于户(图 4-84)、画虎于门等。

随着社会的发展,人类对自然的崇拜逐渐转化为对社会性的人格神的崇拜与信仰,年画"门神"(图 4-85)的出现,便是此类信仰的表现;又如汉朝出现神荼、郁垒之类,据东汉应劭于《风俗通义》卷八中道:"谨按黄帝书,上古之时,有荼与郁垒昆弟二人,性能执鬼,度朔山上,章桃树下简阅百鬼,无道理,妄为人祸害,荼与郁垒缚以苇索,执以食虎。于是县官常以腊除夕,饰桃人、垂苇菱、画虎于门,皆追效于前事,冀以卫凶也。桃梗,梗者更也,岁终更始,受介祉也。"

图 4-84　鸡王镇宅

图 4-85　武门神

到了唐代,神荼、郁垒两门神变成了唐代武将秦叔宝与尉迟恭。画圣吴道子也为年画作出了杰出的贡献。史料记载,唐玄宗命吴道子画钟馗像以辟邪,并于过年时赐予王公大臣。后便成定例,一直延及宋朝。

两宋时,由于经济的发展、市民生活的丰富,民间美术蓬勃发展,年画也随之繁荣起来。孟元老的《东京梦华录》、周密的《武林旧事》等典籍,都记载了宋代汴梁春节期间出售年画之类吉祥装饰品的盛况,可见当时年画的张贴已普及于城镇居民之中。而福寿天官、当朝一品、加官进禄等吉祥题材都是当时民众最喜欢的内容。

明代期间,小说、戏曲插图的勃兴对年画的发展有很大的促进作用,寓意吉庆祥瑞和表现民间风俗的内容得到重视,年画逐渐发展出欢乐喜庆、装饰美化环境的节日风俗。一些年画的典型题材,如"一团和气""八仙庆寿""万事如意"等已趋于定型。恒版拱花技艺的发明,使年画的印制更为丰富多彩。年画的几个最重要的创作基地,如天津杨柳青、山东潍坊杨家埠和苏州桃花坞,也均在明代开始兴起。

到了清代,康乾年间国泰民安的社会局面为年画的繁荣打下了坚实的基础,此时的年画进入了鼎盛阶段。通俗小说的风行又为大量的年画作坊提供了丰富的创作素材。清初年画的一个最主要特征就是在题材上出现了大量的历史故事、神话传说、戏曲人物、演义小说等为主要内容的作品。这一时期,还出现了表达农民现实生活以及民间传说、故事内容的年画,使年画又具备了丰富的民众文化生活、传播科普知识的功能。室内各房屋门口都要贴上祈福、驱邪、避灾的图画,门神逐渐变为门画。

年画是同广大民众生活联系最紧密的一种艺术,千百年来,它不仅是年节中五彩缤纷的点缀,而且是文化流通、道德教育、审美传播、信仰传承的载体。这些特点是其他画种所难以比拟的,意味着年画除了具有美术价值以外,还具有研究历史、政治、风俗和民众生活心态及思想追求等方面的形象资料价值,是认识过去人们思维模式、文化心理和行为的一个参照系,所以历来受到研究者的重视。

二、民间年画的题材与运用

(一)年画的题材

年画的题材十分广泛,世俗生活、风俗信仰、神话故事、历史人物、戏曲人物、山水花鸟均能在年画中表现。

1. 戏文故事年画

明清时期这一类年画占有相当大的比重,深受广大人民群众的喜爱。戏曲兴起于元代,繁荣于明清时期。它几乎风行于祖国大江南北。百姓对戏曲的喜爱,从侧面传达出众人对历史英雄人物的崇敬。戏曲人物故事年画应运而生,它多采用连环画形式,即一张纸印多幅画,表达一个故事。此类作品常取材于传统的历史故事、民间传说、演义小说及地方戏曲等,如"三国演义""西游记""杨家将""薛丁山"(图4-86)等。这种画人物突出,眉目清秀,体态传神。它不仅给人以艺术享受,而且人们在欣赏这些故事时,增长了知识,了解了历史,潜移默化地受到了道德教育。

图 4-86　薛丁山征西年画

2. 神话传说年画

神话传说年画分为人物和故事情节画两种。神话人物年画常见的有
《八仙》《和合二仙》《牛郎织女》等。传说故事内容更多,有《霸王别姬》《八仙
过海》《韩湘子计封》等。此外,还有民间寓言传说,如《猪八戒娶媳妇》《钟馗
嫁妹》《老鼠娶亲》(图 4-87)等。这类年画在古代民间文化生活匮乏的情况
下,丰富了民众的精神生活。

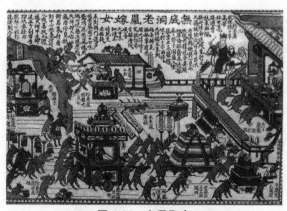

图 4-87　老鼠娶亲

3. 娃娃美人年画

娃娃美人年画以娃娃美人为题材,反映人们对家庭生活美满、多子多
福、生活幸福的向往。其造型、色彩、内容的组合,往往是理想化的。常见的
有《五子登科》《婴戏图》《百子图》《金玉满堂图》(图 4-88)。

图 4-88　金玉满堂年画

4. 风俗年画

风俗画指的是以表现社会时事、风俗习惯和社会生活为主要内容的绘画。中国的风俗画起源很早,宋代张择端的《清明上河图》、李嵩的《货郎图》就是最早反映社会时事的绘画作品。作为年画的风俗时事画,大约兴起于明代。这类年画多描绘人丁兴旺、合家欢乐、生活富裕等内容,表达人们对安居乐业、丰衣足食、风调雨顺的向往,以及对美好生活的追求等。

5. 吉祥图案年画

吉祥图案年画主要以图案的形式,运用寓意、谐音、象征、象形等表现方法,描绘人民群众对幸福生活、健康长寿的美好愿望。比如,福如东海、喜得连科、四季平安、吉庆有余等,极富民俗意蕴。如图 4-89,画面中一个娃娃抱着一条鲤鱼,后面画上莲花、莲叶,寓意连年有余。

图 4-89　连年有余

(二)年画的运用

年画有很多种运用方法,从年画的开张来分,可分为整张、对开、三裁、四裁、斗方等。从装饰环境的部位来分,则可以分为门画、中堂、横匹、条屏、炕围画、斗方、月光、窗画、历画等。

1. 门画

门画，是指贴于门上的门神及装饰用的门画。门神主要分文武两种，开张也大小不等。武门神为神话或古代武将人物，有神荼、郁垒、秦琼、尉迟恭、关羽、赵云等；文神多为天官赐福、招财进宝之类。一般在大门上贴武门神，也有贴神虎、金鸡图像的。还有其他的门画，如福禄寿三星、八仙、麒麟送子、刘海戏蟾等。

2. 中堂

中堂，是指挂于堂屋正面墙上的年画。尺幅为整开；装裱成立轴形式，两旁一般附以对联。内容以福禄喜庆、吉利热闹为主，如和合二仙、天仙送子、吹箫引凤等；也有戏文故事、山水花鸟等题材。

3. 横匹

横匹，也称为贡尖、贡笺。为横幅式年画，多贴于正室堂屋墙上。一般为三裁、四裁形式，也有整开的。其内容非常丰富，生活风俗、戏文故事、山水花鸟等均能入画。

4. 条屏

条屏，系从古代屏风绢画演变而来，为竖长条形画幅，有二条屏、四条屏（图 4-90）、六条屏、八条屏等。一套配以统一的主题，如春夏秋冬、梅兰竹菊四君子，以及中国四大美女、八仙、十二金钗等。也有故事情节画。

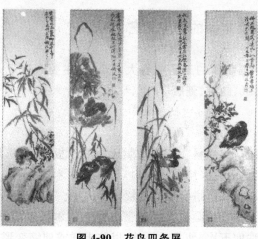

图 4-90 花鸟四条屏

5. 炕围画

北方民居有炕,三面靠墙。沿炕的墙上贴饰炕围画,既美观又整洁。尺幅多为三开横幅。内容以连环的历史故事、小说、戏文为主,也有花卉、博古图等。

6. 斗方

斗方,是指尺幅见方的年画,大者多贴于民居迎门的影壁上,小者多贴于家具、门楣等处,以烘托喜庆气氛。内容多为四时花卉组成的"福"字或各种吉祥图案。

7. 月光

月光,用于贴在窗户两旁的墙上,画幅为长方形,但画面多用圆形开光装饰,故称为月光。一般成对,画幅的内容对称统一,有娃娃、美人、花卉等。

8. 窗画

传统民居以纸糊窗。窗画直接贴于窗棂上,与窗格相适,多为方形。内容多为花卉,亦有风景或故事画。

9. 历画

历画,即印有节气、农时的年画,尺幅四开或六开,一般是上印二十四节气,下印春牛、仓囤或神像等。多贴于门旁壁间,以便参照节气时令安排耕作。最著名的历画当数民国时期上海的"月份牌画"。

三、民间木版年画的制作工艺

各地木版年画制作的工艺流程大同小异,主要有以下几个方面:备料(木板、颜料)、选纸、画稿、刻版、印刷、晾画。

(一)备料

备料即准备木板、颜料。年画刻版所用的木板,最好选用黄杨木,也可以用枣木和梨木。无论采用哪种木料,皆要选用木质坚硬、木纹细密、不易上翘的上乘木板,用铁钉拼合成与画幅相等大小。一般情况下,成版呈不规则方形,厚度约为一寸。画幅大者酌情加厚。将木板表面刨平后涂一遍香油,再用开水冲洗四五次,使木质松软,以防走样或伸缩变形。

木版年画的颜料准备也很讲究。以河南朱仙镇木版年画为例,它一般用黑、红(广丹)、粉(木红)、青莲(群青)、绿(铜绿)、紫(葵紫)、明黄等色,以红、黄、青、绿为主色,相互攒套搭配。所用颜料全部取自矿物和植物,配以多种辅料,手工炮制而成。所用矿物和植物原料有油烟、松烟、细白面、明胶、茶叶、槐籽、生石灰、五倍子、苏木红、紫葵花、铅粉、铜钱、硫黄、酒、明矾等。使用经过特殊配方精心熬制出来的颜料印出的以白纸为衬底的年画(图 4-91),色泽艳丽、纯正、鲜亮、沉稳,经久不褪色。

图 4-91　白底年画《刘海戏蟾》

(二)选纸

年画用纸多是民间土造草纸、粉帘纸、毛边纸、黄丹纸、油纸、宣纸等。总之,要求纸质绵软柔和,吸水性强,不易磨损。规格有大毛(全开)、二毛(半开)、中台(四开)、扯手(八开)、条子(多余的小条子)等。不分尺寸大小,均以每 200 张为"一块"(每次印刷同色同版纸张的厚度)。

(三)画稿

画稿时沿用传统的画稿技艺。以黑线为主,构图撑满整幅画面。从艺术形式上看,用线规律性强,每一幅线版都可以单独成画。年画中的人物头大身粗,因为艺人们认为"若要画得饱,头大身子小",这样才显得庄重大方,画幅饱满。武将威风凛凛,文官舒展大方。加上木板线条的粗犷有力,配上强烈的色彩,更显得庄重大方。

(四)刻版

刻版即刻工将画稿用粉糊反贴在刨平的木板上,陡刀立线剔除画稿墨线空白处,将墨线稿刻出两样,再于画样上点出颜色。然后,将设计好的图案按颜色区分,刻制在木板上。一色一版,几种颜色,就刻几个版,即所谓色版(图 4-92)。黑轮廓线的主版,俗称"黑批"。

图 4-92　年画色板

刻版分两面雕版。这是为了便于画面对称、谐调及节省版面。刻版时,先用拳刀刻出点、线,画定块、面,然后用弯凿、扁凿、剔空、韭菜边、针凿、修根凿、扦凿等刀具进行敲底、修整,再放到台面上对版,纠正偏差。刻时须顺应木质纹理走势,用斜刀自下而上雕刻。刻线上窄下宽,高约 3 毫米。边缘以圆凿刻成斜面,以免印刷时弄脏画边。大的空白处需留出支点,以免印刷时纸张塌陷。

刻线时,线条要根根分明,挺拔流畅,曲直遒劲。这讲究的是一气呵成,少有折线,刀刃要运转自如。成型的版线条粗犷、粗细相间、刀法坚实,画面线的组成极富形式感。特别是衣纹线条,看起来简直如"吴带当风",飘飘若飞。刻刀的"伐"、"跟"、"支"、"挑"等刀法,如克敌的岳家枪法,神出鬼没。

刻工对技术精益求精,"上版将完工,见一二处不合,即碎版重刻"。如有刻坏之少处,只有最高明的刻工可用挖补的方法修补,而刷印时丝毫不显。刻一块二号版要费时一个多月,一号版要 2～3 个月,刻成一套版至少需半年时间。

（五）印刷

印刷即将版样印于纸上。以朱仙镇木版年画为例,印时刷工将 200 张纸固定在印刷图案的左侧,用竹制夹板将印纸呈"S"状固定于案,右手处置放颜色盆及色刷,左手翻纸,右手以棕刷抚纸、印刷。

上色程序有严格规定,先墨版,后色版,最后套金粉。第一版必须为墨版,即黑色主版和用于须发等细线的"二黑版";第二版开始为色版,依次为红版、绿版、黄版、紫版;最后为套金。印色一般来说是先淡后浓,依次套印而成。

印刷时,纸张不宜过干,力度要均匀,否则套色会不匀或套不上去。因此,二百张"一手料"必须一气呵成,这就要求艺人有过硬的功夫。在印刷时,还要随时注意版片的情况,一有走动,即敲版校正。

(六)晾画

晾画有口诀曰:"晾画不能急,八成即可以。"晾画一般都在室内阴干,不拿到室外经阳光曝晒。适宜温度是20℃左右,晴天一天即可,阴雨天、冬天需要的时间比较长。有时候年关将近,需求量较大,工匠们就不得不在室内加火炉帮助升温,以尽快晾干。

四、民间年画的地域特色

(一)天津杨柳青年画

在中国年画史上,杨柳青年画与南方著名的苏州桃花坞年画并称"南桃北柳"。杨柳青位于天津市西20公里,它的民间木版年画产生于元末明初,据说当时有一名长于雕刻的民间艺人避难来到杨柳青镇,逢年过节就刻些门神、灶王出卖,镇上的人争相模仿。到了明永乐年间,大运河重新疏通,南方精致的纸张以及水彩颜料运到了杨柳青,这里的绘画艺术因此得到发展。杨柳青年画从清代雍正、乾隆至光绪初期最为风行。杨柳青年画的画样有几千种。到了清代中期全盛时期,杨柳青镇的戴廉增画店一年生产的成品就达2000件,每件500张,共达百万幅。当时,杨柳青全镇连同附近的30多个村子,"家家会点染,户户善丹青",画店鳞次栉比,店中画样高悬,各地商客络绎不绝,是名副其实的年画之乡。

杨柳青年画的题材多样,内容丰富,尤以反映现实生活、时事风俗、历史故事等题材为特长。其中《连年有余》《荷亭消夏》等一些传统佳作,不仅在民间广为流传,而且为中外艺术家、收藏家视为珍品。

杨柳青年画通过寓意、写实等多种手法表现人民的美好情感和愿望。其题材最有名的便是娃娃。这些娃娃体态丰腴、活泼可爱。他们或手持莲花,或怀抱鲤鱼,非常惹人喜爱。如年画《招财进宝》(图4-93),画面上的娃娃"童颜佛身,戏姿武架",怀抱鲤鱼,手拿莲花,寓意生活富足,已成为年画中的经典,广为流传。

图 4-93　招财进宝（天津杨柳青年画）

　　杨柳青年画的制作方法为"半印半画"，即先用木版雕出画面线纹，然后用墨印在纸上，套过两三次单色版后，再以彩笔填绘。杨柳青年画既有版画的刀法韵味，又有绘画的笔触色调，具有与一般绘画和其他年画不同的艺术特色。

（二）江苏桃花坞年画

　　桃花坞木刻年画，因曾集中在苏州城内桃花坞一带生产而得名，它是我国三大木版年画重镇之一，具有 400 多年的历史。桃花坞年画源于宋代的雕版印刷工艺，由绣像图演变而来；到明代发展成为民间艺术流派，形成了独特的风格。

　　明末清初是苏州桃花坞木版年画的繁盛时期，当时的画铺有四五十家，大部分设在枫桥、山塘街、虎丘和闾门内桃花坞至报恩寺塔一带。出产的桃花坞木版年画达百万张以上，除销到江苏各地及浙江、安徽、江西、湖北、山东、河南、东北三省外，还随着商船远销到南洋等地。其艺术成就，曾对日本浮世绘艺术的发展产生过相当大的影响。

　　桃花坞年画在雍正、乾隆年间，还出现了不少模仿西洋铜版雕刻风格的作品，如《苏州万年桥》《陶朱致富图》《西湖十景》《山塘普济桥》《三百六十行》《百子图》《三美人图》等，有的还在画面上题明"法泰西笔法""仿泰西笔法""仿泰西笔意"。这一类作品在画面上多采用焦点透视，除人物面部外，衣纹、树石、房屋、动物的羽毛等均用明暗来表现，显得十分生动。

　　桃花坞木版年画的特点是：以木版雕刻，用一版一色传统水印法印刷；构图丰满，色彩明快，极富江南民间风味。印制方法主要是彩色套版，显示出一定的刀法韵味，具有木版画特有的气质。民间画坛称之为"姑苏版"。桃花坞最富于地方符号色彩的年画便是《一团和气》（图 4-94），它源于明代"虎溪三笑"的故事。高明的民间艺人把三位古代高士化为一个阿福状的童子,既有幽默感又寓意和气美满。

图 4-94　一团和气(桃花坞年画)

(三)山东杨家埠木版年画

　　坐落在潍坊市东北方向三十里处的西杨家埠村,自古至今盛产木版年画。杨家埠木版年画,是我国民间艺术宝库中的一朵奇葩,它以其浓郁的乡土气息和淳朴鲜明的艺术风格驰名中外。

　　杨家埠木版年画始于明洪武年间,至今已有 600 多年的历史。清乾隆年间,杨家埠年画已行销省内外。其历史沿革是:明代以神像为主,画风工细缜密;清初出现美女娃娃年画,画风简括秀丽;乾隆时,戏曲故事年画大增,画风线条流畅,富有韵律;清末还将文人画的风格引入年画中,发展为用单一墨色分为几个层次印制年画,俗称“黑货”年画。

　　杨家埠年画的色彩以鲜艳夺目著称,重用原色,常使用红、绿、黄、紫、桃红等色,并多以红与绿、黄与紫、黑与白相对比,形成强烈艳丽的色彩效果,使画面热烈、鲜明(图 4-95)。

图 4-95　武门神(杨家埠年画)

（四）四川绵竹年画

绵竹年画以产于竹纸之乡的四川省绵竹市而得名，它是流行于中国西南的年画品种。由于多以木版印出轮廓后填色，其又称绵竹木版年画。绵竹年画起源于北宋，兴于明代，盛于清代，中华人民共和国建立后注入了新内容及现代人的审美趣味。

绵竹年画分红货、黑货两大类。红货是指彩绘年画，包括门画、斗方、画条。黑货是指以烟墨或朱砂拓印的木版拓片，多为山水、花鸟、神像及名人字画，此类以中堂、条屏居多。绵竹年画以彩绘见长，具有浓厚的民族特点和鲜明的地方特色。

绵竹年画构图讲究对称、完整、饱满，主次分明，多样统一；色彩上采用对比手法，设色单纯、艳丽，强烈明快，产生红火、热烈的艺术效果；线条讲究洗练、流畅，刚柔结合，疏密有致，具有强烈的节奏感（图 4-96）；而夸张、变形、象征、寓意的造型，更有诙谐、活泼的艺术效果。

图 4-96　天官（绵竹年画）

（五）河南朱仙镇木版年画

朱仙镇在河南省开封市城南 10 公里，虽然是个小镇，在古代却名列中国四大古镇之一。特别是由于北宋末年岳飞曾率军在这里大破金兀术的金兵，朱仙镇更为国人所知。为纪念岳家军的功绩，在朱仙镇建有一座规模不小的岳王庙，如今朱仙镇木版年画社就设在这座古庙之中。

《东京梦华录》载，北宋时期，汴京一带木版年画已相当繁盛，每逢岁节，市井皆印卖灶马、门神等，以祈求人寿年丰、吉祥如意、招财进宝、镇邪除妖。

后来北宋没落、灭亡,开封几经战乱,木版年画便衰落下来。到了明代,开封年画虽然又获复兴,但已逐渐转移到朱仙镇。明朝末年洪水泛滥,开封被淹没,百业俱废,朱仙镇便成了木版年画的中心。明清时期,朱仙镇就有300多家木版年画作坊,其作品畅销各地,于是开封地区的年画被统称为"朱仙镇木版年画",影响深远。

朱仙镇木版年画具有极强的乡土味,概括起来有五大特点:一是线条粗犷,粗细相间;二是形象夸张,头大身小,并且画中人物无论男女老少,眼形都一样,黑眼珠一律点在眼眶正中;三是人物旁边多注明姓名,有点像古代小说的人物绣像;四是色彩艳丽,对比强烈;五是门神神码多,严肃端庄。朱仙镇木版年画中最多的就是门神,门神中以秦琼、尉迟敬德两位武将为主。那些大大小小的门神画中,两位武将或衣着不同,或形态各异:步下鞭、马上鞭、回头马鞭、抱鞭、竖刀、披袍等,不下20种样式。

在用色方面,朱仙镇年画非常注意中华民族的欣赏习惯,多用青、黄、红三原色(图4-97)。民间常说:"黄见紫,难看死。"而开封朱仙镇年画黄紫两色的搭配,颜色厚重,对比强烈,不仅没有难看之嫌,反而色彩鲜艳,与民间过年的欢乐气氛协调一致。

图 4-97 朱仙镇年画

(六)河北武强年画

武强年画至今已有500多年的历史。相传,明永乐年间,山西省洪洞县艺人到此以后,促进了这一艺术形式的发展。武强年画起初是民间画家亲笔画,逐渐发展成刻版印刷,以至全部套版印刷。到了清康熙、嘉庆年间,武强年画业进入兴盛时期,从业人员约500人,店铺达144家,最高年出产画品达一亿多张,约占当时全国年画销量的三分之一。

"色又鲜,纸又白,年画打从武强来","南桃(苏州桃花坞)北柳(天津杨柳青)论画庄,农家年画数武强……"浓厚的乡土气息和地方特色是武强年画最突出的特色。常见的题材有《喜鹊登梅》《春牛图》《狮子滚绣球》《耕织图》以及《男十忙》《女十忙》等。武强年画人物造型也很有特点,大多是五短身材、夸张的头部,重点表现眼睛,用眼睛表达心声。艺人笔下的动物更是大胆夸张,有"十斤狮子九斤头"之说。

国家非常重视非物质文化遗产的保护。2006 年 5 月 20 日,以上传统年画遗产经国务院批准列入第一批国家级非物质文化遗产名录。除了以上著名的年画外,全国各地还有一些比较有特色的年画,如湖南隆回年画、山东高密扑灰年画、陕西凤翔年画、福建漳州年画等,它们都曾为老百姓的生活增添了无限的色彩。传统的木版年画艺术已很少生产,但毕竟在历史上曾有过辉煌的一页,故作为旧时主要民间美术样式之一的木版年画业已成为一种珍贵的文物,逐渐受到人们的重视。时至今日,我们学习和研究这些年画,对于发展新的艺术、弘扬中华民族的传统文化是有重要意义的。

图 4-98 喜娃娃(河北武强年画)

(七)湖南滩头年画

湖南邵阳市滩头镇是一个木板年画多产地。滩头镇的年画多用当地生产的竹料毛边纸,在这种材料加工过的纸上印刷的年画墨线凝重。滩头年画的制作方法十分罕见:先印彩色,后印墨线,印刷后再用笔蘸红色晕染人物双颊。这种特殊方法印制出来的年画色彩清新,效果独特。所用颜色有橙黄、青、紫、黄、绿五色以上。

第三节　民间灯彩艺术

一、民间灯彩的概述

民间灯彩,常用于各种喜庆节令,灯彩又叫"花灯",是我国传统农业时代的文化产物,兼具生活功能与艺术特色。

除了岁时节令和婚寿喜庆外,民间还有许多与信仰祭祀、人生礼仪相关的灯俗,如旧时流行全国各地的在上元、中元和中秋节举行纪念亡故亲人的"放河灯"的习俗,以及陕北地区古代成丁礼的遗风——儿童12岁时长辈送"完灯"(或称全灯)的习俗等。这些灯俗活动,至今还可在部分乡村见到。花灯制作,一般都是利用本地所产的竹、木、藤等材料扎制成框架,再裱糊以皮纸、宣纸或绢等材料,加以彩饰制成。经济文化发达的地区的彩灯制作往往用料考究,如北京的宫灯(图 4-99)、上海的龙灯、福建泉州的料丝花灯等。广东的走马灯结构也特别精巧。浙江硖石的灯彩,以针刺、刀刻与彩绘相结合,制作出美丽的纹饰,享有盛誉。灯彩往往伴随着民间风俗而流行。最典型的是每年一度的元宵节,旧时元宵灯节的闹灯、赏灯,是每一个人都参与的活动。它是以村、寨、县、城为单位,以促进人与人之间的交流,加强民族凝聚力为目的的大型娱乐活动。

图 4-99　北京宫灯

元宵灯节,既是孩童的,也是成人的。二十多年前即便是普通乡镇,元宵花灯也很普遍。年龄稍长的人多还能记得坐在父亲肩上观灯、看舞龙灯的情景。一个以小镇为中心的灯节往往能吸引很多人,不仅仅只有镇上的人参加,小镇四方的农民也携带着亲手赶制的各色花灯,聚集到小镇的主街上。一入夜,各种花灯亮起,兔儿灯、鲤鱼灯、莲花灯、龟灯、走马灯……令人目不暇接。而灯会的高潮是由舞龙灯、舞狮迎来的。十至二十位青壮年男子,手持龙灯,一路欢舞而来,在震天喝彩声中亮出各种优美的姿势,舞得淋漓酣畅。灯光映得所有人的脸红扑扑的,大人小孩,舞的和看的都如醉如痴,一同沉浸在节日的喜悦气氛之中,在震天的爆竹声中迎来一个充满祈愿的春天(图 4-100)。

图 4-100　金鱼灯彩

民间灯彩的历史由来已久,民间灯彩最初由皇宫灯彩发展而来,起源于汉代的元宵节张灯。在宫灯盛行的同时,灯彩也传入民间。花灯起源于西汉武帝于农历正月十五日在皇宫设坛祭祀当时天神中最尊贵的太一神,由于彻夜举行,故必须终夜点灯照明,此为元宵节点灯的开端。但当时的元宵节玩灯、赏灯的活动仅局限于宫廷。

佛教传入中土后,由于道教神仙术与佛教燃灯礼佛的虔诚互相结合,每到正月十五夜,城乡灯火通明,士族庶民一律挂灯,形成一个中西合璧的独特习俗。

至唐代,元宵节才成为万民同庆的灯节。唐朝前期政治稳定,经济繁荣,百姓安居乐业,唐朝皇帝便将宫内花灯搬到宫外展示,并亲临观赏,以示与民同乐。唐明皇李隆基曾命人作一盏高一百五十尺的彩灯,被称为“灯楼”,杨贵妃的姐姐韩国夫人,则令人制作百枝灯树“高八十尺,立之高山,上元点之,百里皆见”。当时长安每晚街鼓鸣响后即禁宵,但每年正月十四、十五、十六三日却允许人们彻夜游玩。元宵节的制灯、玩灯、观灯便逐渐形成风俗,灯节观灯达到空前的高潮,涌现出一批豪华精致的灯彩。

宋代灯彩较唐代有过之而无不及。元宵灯节,统治者不仅鼓励市民观灯,还要求民间也制作灯彩。唐宋以来,民间形成了专业生产花灯的行业。

例如杭州彩灯制作艺人聚居在莱市桥一带,留下了"花灯巷"的地名,当时杭州的花灯制作名目众多,一般人物灯品有美人、刘海戏蟾、钟馗捉鬼等。瓜果灯有萝卜灯、柿子灯、杨梅灯等。动物灯有鹿、鹤、鱼、虾、龙、鸟之类。还有琉璃球、云母屏、万眼罗等特殊材质制成的彩灯,也有专供宫中欣赏的名贵灯品如料丝、彩球明角、镂画羊皮、流苏宝带之类(图 4-101)。

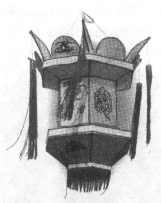

图 4-101　浙江杭州六方宫灯

宋代以来,元宵彩灯得到了大规模的发展,并且有了专供民间彩灯交易的灯市。民间做灯技术不断提高,各种材料,各式花灯,无所不有,难以计数,其中最著名的当属"鳌山",亦称灯山——搭木加成高台,台上堆叠各种花灯成山形。

北宋京城开封元宵灯会盛大,乾德五年宋太祖诏定元宵放灯"起于十四,止于十八"由三夜增至五夜,是时"华灯宝炬,月色花光,霏霏融融,动烛远近"。

南宋福州花灯"晃耀夺目、爽彻心目"与苏州灯品并列称冠。稍后泉州盛名崛起,有"月牵古塔千年影,虹挂长街十里灯"之盛。据文字资料记载,在福州、泉州花灯节上,"市上每家门首悬灯两架,十家则一彩棚,其灯,上至彩珠,下至纸画,鱼龙果树,无所不有"。以至"天下上元,灯烛之盛,无逾闽中"。

元代诗人谢宗可在《水灯》中有"万点芙蓉开碧沼,一天星斗落冰盘"的诗句,反映了当时"放河灯"的盛况。

明清两代依然如旧,民间灯彩更是五彩缤纷,并出现了许多优秀的制灯艺人,常用数万盏,甚至十万盏花灯堆叠在"鳌山"上,构成元宵节花灯的中心景观。

明代,明太祖定都金陵(今南京),将元宵放灯定为十天——正月初八至十八。这是中国历史上最长的灯节。永乐初年,官方在金陵午门外,以千灯万盏叠成"鳌山万岁灯",二更时分,明成祖朱棣率文武百官与后宫妃嫔登上鳌山赏灯,一时间百乐大作,花炮齐鸣,将节日气氛推向高潮。明朝迁都北京后,金陵午门鳌山盛景渐废,而民间灯彩却日益兴盛,以后在夫子庙、评事街等处形成的几大灯市,灯品琳琅满目,三星、八仙、聚宝盆、皮球、花篮、荷花、西瓜、狮子、鲤鱼、蛤蟆、兔子,诸色花灯应有尽有,风格简朴粗放、淳朴自然(图4-102)。流行于北方地区的冰灯,可能起源于北方先民冬季凿冰捕鱼之习,东北松花江沿岸的渔民,用水桶盛水冻一个中空"冰坨子"内燃灯盏作夜间凿冰捕鱼照明之用。以之作观赏灯,在明代诗咏中就已提到。

图4-102　江苏南京夫子庙灯市

清代各地花灯制作在前代基础上加以发展,制作更加精美,品种也更加繁多。在一块清代民间织锦上,可以看到几种不同的花灯式样。清代东北地区冰灯更盛。清人入关后冰灯随之广传,融进各地元宵灯艺之中。

20世纪30年代初期,民间灯会还保持着往日的盛况。现代城市中各式各样的灯会多大量采用现代光电技术,在观念内涵和组织形式上呈现出不同于传统的新气象。如四川自贡的恐龙灯会,山西的"煤海之光"灯会,"冰城"哈尔滨冰灯展览等。传统灯彩制作仅限于部分偏远地区,如湖南省凤凰县和陕西民间灯彩制作,基本上保存了传统的灯彩与风筝的制作工艺,不仅制工精巧,而且富于地方民间特色,极具艺术观赏价值。

二、民间灯彩的分类

根据花灯的外在形态,可将花灯分为四大类:走马灯,肖形灯,莲花灯和蒿子灯。走马灯是元宵节中颇受欢迎的一种玩具(图4-103)。走马灯用高粱秆或竹篾扎成方形架子,算是小小的舞台;中央设轴,轴的上端安装风轮,轴身用细铁丝悬插纸人纸马,下部点蜡烛,烛火使空气上升,推动风轮,风轮带动立轴旋转,纸人纸马便你追我赶地运动。通常,走马灯为方形四面。亦有六面的走马灯,六面开光挖空,里层不剪不刻,作筒形;转动时,画面及布景同时转动,六面都可以观赏。另外,还有宫灯式走马灯、坐式走马灯等。

图 4-103　亭形走马灯(福建晋江县)

肖形灯是元宵节期间全国各地普遍时兴的玩具灯,一般用竹木或金属丝编扎骨架,外面糊纸,制成各种动物、飞禽或器物的形状,中心燃蜡烛。肖形灯多取形于含喜庆吉祥寓意的物象,常见的有兔子灯、羊灯(图 4-104)、狮子灯、花篮灯、双喜盘肠灯、双鱼灯等。肖形灯中的"车灯"也是民间儿童玩具灯中的重要品种,通常在动物灯或器物灯下面安装四个木轮或泥轮,点燃后系绳牵动,行动如车,周身披薄纸细穗。有的还要制成活动头,动物被拖动时,不住地点头,颇富趣味。

图 4-104　羊灯(北京)

莲花灯是用纸扎成莲花形,在其中置蜡烛。按旧俗,每年的七月十五,儿童多持莲花灯。七月十五燃放莲花灯的习俗源于佛教"盂兰盆会"。盂兰盆是天竺国语言的音译,按本意解释当译作"解倒悬"。据说,目连的母亲死后在地狱中受倒悬之苦,目连为了救母求救于佛,佛让其多办善事,举办佛事,超度亡灵,遂有盂兰盆会之风。佛教以莲花为法物,因此盂兰盆会多持莲花灯,传至民间遂成玩具,儿童多持莲花灯、荷叶灯嬉戏于七月十五夜(图4-105)。莲花灯的基本造型是一朵怒放的莲花,下设长柄,也有大朵莲花居中、周置若干小莲花的大型莲花灯。此外,还有提在手上的小莲花灯。

图 4-105　莲花灯(浙江)

三、民间灯彩的地域特色

民间灯彩五花八门,是一项运用了多种材料、多种工艺、多种装饰技艺的民间综合艺术。各地的民间灯彩,结合各地的民间风俗,显示出鲜明的地方特色。

(一)北京灯彩

正月初八为北京祭星神的日子。俗传此日之夕,诸星下界,因此各家燃灯为祭。灯数有49盏或108盏。正月十三到十六,由堂屋到大门燃灯而照,谓之散灯花,也称散小人,有解除不祥之意。

(二)陕西西安灯彩

每逢元宵,西安人都要表演"社火",伴着满街花灯,气氛热烈至极。西安是隋唐都城,花灯雍容华贵的气派颇有唐代遗风。

(三)陕西凤翔花灯

陕西的凤翔,素以民间工艺发达著称。与当地各色泥木缝布玩具一样,凤翔的童玩花灯亦有形有色,风采独具。按当地民俗,元夕前当舅舅的要给外甥送灯,元旦一过,市集上便有童玩花灯陆续登场,诸如蟾灯、虎灯、兔子灯、猴灯、龟灯、莲花灯、花篮灯等等,名目繁多,五光十色。当地灯彩扎作简率粗放却充满天真趣味。艺人为求灯品的生动情趣,往往借线或轴使腿爪、尾羽或佩物一类局部构件能起翘动摇,可谓别具匠心。以齿边、圆形或椭圆的五色彩纸,饰成动物之脸面、耳朵和尾巴,既形象又美观。小小花灯中充分体现出艺人们的真挚爱心和浪漫童心(图 4-106)。

图 4-106　陕西凤翔花灯

(四)山东灯彩

山东元宵节有做蒸面灯的习俗。正月十五夜晚,家家用各种面食制作成灯形,凹处可放油插捻,点着燃烧,第二天吃掉,意在吉祥迎春。

(五)江苏灯彩

江南地区,从正月初一到元宵灯节,以及各种盛大节日,都有舞"龙灯"的习俗。除此之外,各地还有独具特色的灯彩。放河灯(图 4-107)是江苏的民间习俗。每年农历七月三十日晚,当地群众用各色彩纸糊成精巧玲珑的船形灯,装上蜡烛或少许豆油、灯草,由老者驾小船燃放,河灯漂浮水面,随波逐流,五光十色,十分壮观。灯市上的花灯种类更是不胜枚举。

图 4-107　放河灯

（六）广东灯彩

广东灯彩以佛山和潮州两地最为出名。佛山地区把花灯称为"秋色"，佛山秋色节在每年秋收季节举行。在"出秋色"的队伍中，头牌灯最为细致和壮观，接着是各种各样的灯彩，原料都来源于农副产品或手工业废品废料。这些废弃的物品经艺人之手变得玲珑剔透，精美雅致，趣味横生。

潮州灯彩内容极其广泛，形式丰富多彩。人物高度在 40～45 厘米之间的称"纱灯"；以花鸟虫鱼、蔬果造型，并让灯光透出的单个灯称"彩灯"。

（七）浙江硖石灯彩

针刺、刀刻、绘画相结合的灯片制作技艺，是硖石灯彩（图 4-108）的最大特点。制作花灯时，各种花灯需在外表裱糊四层宣纸，用绣花针扎孔的方法刺绣出各种美丽的画面和图案。这种技艺使针刻灯面独具特色，具有其他灯彩无与伦比的表现力和吸引力。

图 4-108 硖石灯彩

（八）福建泉州灯彩

福建灯彩品种繁多，名扬天下。福建一带，盛行灯彩艺术的重镇很多，其中盛名早扬者当首推福州。南宋时期，福州花灯即以"晃耀夺目、爽侧心目"的品色，与苏州灯品并列称冠。之后则有泉州盛名崛起，赢得"月牵古塔千年影，虹挂长街十里灯"之诗誉。《闽部疏》载："闽俗重元宵，十三日已放灯，数步一立表，一表辄数灯，家连户缀，灿若贯珠，如是着至下弦犹不肯撤。"泉州元宵放灯之俗一直持续至今，盛势不减当年。强劲的风土节俗，促使泉州花灯技艺精进不止,影响其广。如今,泉州灯会的规模越来越大,灯品也多有宏篇巨制(图 4-109)。泉州灯彩根据花灯的结构和特点,灯彩可以制成悬挂、张挂、手提、拖牵、挥舞等多种形式。

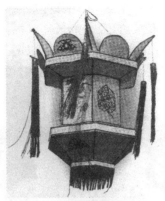

图 4-109　福建泉州阁楼灯

(九)哈尔滨冰灯

哈尔滨有"冰城"之称,其群众性的冰灯艺术享誉四方。据《黑龙江外记》载:"上元,城中张灯五夜,车声彻夜不绝。有镂五六尺冰为寿星灯者。中燃双炬,望之如水晶。"根据其他史料的记载,哈尔滨的冰灯艺术在清代已经十分盛行了。如今,哈尔滨以至东北诸多城市,更引入了现代科技的电光声色,将冰灯发展为规模盛大、形色壮观的游园灯会,堪称当地元宵节的一绝。哈尔滨冰灯以仿造大型建筑景观为长,每每水凝灯塔、冰砌玉楼,宛若神话般的水晶丽宫(图 4-110)。

图 4-110　哈尔滨宝塔灯景

（十）湖南湘西凤凰花灯

在凤凰，花灯制作是一门古老的民间工艺。主要原材料是竹片、篾条、木棍，扎成各种人物、动物、花草虫鸟、用具等形象，糊以皮纸，施加彩绘，形象逼真，惟妙惟肖。春节是放灯、耍灯的最佳时机，纸扎的狮子头、龙头、蚌壳、虾、蟹、鱼、鳖、云朵、盆花等，千姿百态，五彩纷呈。其镇上有好几家制作彩灯的作坊，其中以聂方俊的灯彩制作最为有名（图4-111、图4-112）。

图 4-111　狮子头灯

图 4-112　彩虾灯

除各地别具特色的灯彩外，少数民族制作的灯彩也值得提及，他们因地制宜、就地取材，结合本民族特有的习俗制作瑰丽多彩的民间灯彩，呈现浓郁的民族风格和地方特色。

第五章　中国民族雕塑艺术

中国雕塑源远流长,延绵不断,在世界雕塑史中以悠久而无从间断的发展历史,独树于世界民族之林。丰厚的遗产、鲜明的风貌、独具特色的中国雕塑,在世界雕塑史上占有重要的地位。作为中国文化不可或缺的组成部分,为中国文明留下了彪炳史册的辉煌篇章。本章将从中国雕塑的概念及风格探讨入手,分析主题雕塑及其特征,论述主题雕塑与环境的关系,最后以柯尔克孜族广场雕塑为例研究主题雕塑的创作。

第一节　中国雕塑的概念及风格探讨

一、雕塑的相关概念

(一)雕塑的空间

1. 雕塑——空间的艺术

人们习惯将雕塑称为空间的艺术,可塑性的泥,可雕可刻的木、石以及可永久性保存的金属等材料的物质属性,决定着物质的实体占有三度空间,并以可视、可触、可感的体量方式构成雕塑这门艺术最基本的样式。

自然界的物质材料一旦被加工制作成雕塑作品,或被赋予雕塑的概念之后,物质材料的原始属性即被淡化、质变,不仅成为雕塑作品外貌情态的性格特征,也成为其重要的美感因素。

2. 雕塑空间及其文化价值

作为人类驾驭材料和创造能力的标志,雕塑所蕴含的文化属性和文化价值显示着人类智慧和创造精神的能动力,使冷冰冰无生命的物质外壳内涌动着一股不息的生命之流。这是有选择的观念性的造型,旨在突出人的精神活动,是人类对空间一种精神演绎化的过程,因此确切讲不能简单地把所有三度空间的造型都赋予雕塑的意义。

雕塑的生命在于它内涵的文化价值,这也是把握、区别、评判一件作品优劣、高下的重要尺度。不朽的雕塑以物化载体的形式为中介,在有限的空间传播人类的文化与文明,具有一种超越有限,达到长久和永恒的意义。即使这种超越性是以物质存在的时间限定为前提,雕塑毕竟有效地使短暂的人生与流动的生命,在人类所创造的立体空间内凝固、永存,人的观念、精神向往、对于无限和永恒的本能欲求在这里获得观照。[①] 人类社会几乎所有崇拜偶像的宗教,都擅长充分运用雕塑艺术来宣传其信仰,感召众生。神之所以超越于人的凡肤俗体,正是在于她永恒地超时空的无限性,与人的观念相对应的似乎只有独具再现性和不朽性的雕塑艺术是最适合的选择。

(二)雕塑的特质

雕塑主要有以下几个方面的特质。

1. 一种特殊的象征性的文化形态

雕塑是一种特殊的象征性的文化形态。人的精神意识与凝固的物质,即情绪活动与静止的空间以及理想与现实、再现与抽象、时间与空间、有限与永恒等对立的复杂因素,在雕塑中通过象征性协调统一为完美整体,这种双重因素的交织正是雕塑艺术的魅力所在。而雕塑文化模式非它莫属的特殊性的确立,也是基于象征意义。神圣的精神、庄严的情感和物质造型规律的永久性,在最深刻的、最大限度的、最易引发一种宏伟和崇高的感觉和联想时,明显地带有纪念性特征。表现的对象多以人为主,其中又以神灵、圣人、英雄居多,正是雕塑有别于其他艺术的显著特征,也是构成其题材相对比较集中和单一的原因。

2. 一种人类物质与精神需要的产物

雕塑不仅是人类的一种文化创造,也是人类物质与精神需要的产物。需求的多样性使雕塑艺术超出只是为与神灵偶像共存亡的同时,具有更加丰富多彩的文化内涵。因人、因地、因材、因时乃至因国家、因民族、因

---

① 赵萌. 中国雕塑艺术. 北京:人民美术出版社,2013

信仰、因时代之不同,雕塑空间内容和外观形式上必须呈现出千变万化的风格。

3. 雕塑空间的特质

(1)时间的演变对于空间是一种积累

雕塑凝固了历史并诠释着历史,而历史又不断地把雕塑留给后人,启迪新的文化和精神追求。雕塑的空间充盈着个性的创造和集体的共性精神,具体造型的凹凸变幻、虚实相生,扩展了空间意趣更丰富的表现力。在很大程度上,雕塑空间又直接受制于人类对宇宙空间认知能力的水准。随着近现代新的时空学说和宇宙模式的创立,雕塑的空间也随之不断取得重大突破,观念更新给雕塑发展带来了更大的自由。

(2)雕塑空间具有一种客观的通识性

基于人类对生命和现实的切身体验,生存的有限性和暂时性在雕塑中得以补充和超越。在这个空间中欲求的满足,情感的平衡,精神上的慰藉,成为了实在或可能。然而通识并不意味着形式上的单一,众多的民族,丰富的文化从各式各样的雕塑空间匠意中体现出来,对其认识越深入,揭示越透彻,通识性也就越具广泛性。

在通识中使中国雕塑艺术走向世界,如图 5-1 的天安门华表。努力改变因历史的不公以及对现实缺乏全方位的认识,而对中国雕塑形成的某些曲解和认识的误区,使之得到应有的地位。

图 5-1　天安门华表

（三）雕塑与建筑

1. 雕塑与建筑的相同点

神殿庙宇等建筑物是按照严格的神圣旨意进行设计和建造的一普通的居宅亦同样注重一定的精神寓意。然而古往今来的宗教建筑物内几乎无一例外都要请"神"——雕塑入殿。从物质属性和空间中体现的功能和意义来看，雕塑与建筑具有相同的一面，而且在具体的应用上雕塑常常作为建筑的附属物出现，甚至成为建筑物的一部分。

2. 雕塑与建筑的相异之处

雕塑与建筑的相异之处远远大于相似之处，构成二者间根本无法相互取代的另一面。建筑在表达其精神性时，主要是通过整体布局，利用物质材料构成建筑物形象，在空间上排列有序，呈现出错落有致或抑扬顿挫的节律变化，形成一种强烈的暗示性的环境空间氛围。即使是有些建筑物为强调某种精神观念，在门窗、柱、梁、屋檐房脊、室内四壁和屋顶等建筑构件描绘、雕刻出各式纹样和内容具体的艺术形象，建筑的本质仍然决定了它不具备模仿性和再现性，而以更含蓄、更隐晦、更抽象的方式表现一种整体的精神意象。建筑是一种更富共性化的艺术，最适合表现和凝聚人类的普遍心态，涵盖广泛的精神意愿和文化时尚。①

人们虽然生活在建筑环境构成的空间里，但由于建筑更注重实用功能，其文化元素和符号愈显隐寓或抽象，与人的精神活动颇有一定的隔膜。尽管雕塑比注重感情色彩和本能支配的绘画更富概括性，但比之建筑则更显直观性和再现性，在表现形式上趋向具体，精神寓意也相对明确。人类的精神、情感在雕塑中找到了不是类似舞蹈、音乐情绪性的演绎和绘画式的情感抒发，而是一种依托和贮存。

二、中国雕塑的风格探讨

中国雕塑的风格，可以概括为五个关键词——"主静""平面感""形象"

---

① 世界上不少著名的建筑物如埃及的金字塔、希腊神庙、哥特式教堂、中国的万里长城等，都被人们视为一个时代的缩影，体现出一个民族总的精神。与雕塑相比，建筑的这种特性反而成了一种局限性。

"绘画性""影像化"。

（一）"主静"

"主静"是中国雕塑造型的基调和样式。

1."主静"的哲学阐释

中国哲人感叹到"虚者万物之始也"。[①] 苍茫悠邈的宇宙旷渺幽深、无形无色，自然万物生灵之律动，潜隐于空寂鸿蒙而呈露的一派静谧之中，正如古人云"动谓之静"，"天之道虚，地之道静"，[②]用深沉静默、虚怀若谷之心与自然、宇宙之精神合而为一。儒家主张中庸之道，极力强调对立统一中的统一性，即孔子的克己复礼的主体精神，它的渊源来自于"人生而静，天之性也"[③]的天命观。荀子的"虚一而静"以及宋明理学高扬"主静"精神，并立为做人的最高标准"主静，立人极焉"。[④] 这里要强调指出的是虽然儒道两家在处世问题上分道扬镳，但在哲学的最高境界和把握宇宙自然规律之真谛却不谋而合。这种吻合把原本对立的矛盾，地处两极的观念，有意无意自然而然地汇集成一条阳刚之气与阴柔之美相结合，有理有序，韵致绵长，情感起伏的节律和精神创化的永恒律动。中国人创造了她，并从容地驾驭运用她，把握和调剂自己生命的节律，社会变化的节律，时代发展的节律，奠定了虚静之本的视知觉活动的核心基础。

中国造型艺术的最高境界即所谓的"气韵生动"，气实指阳刚之美，韵则为阴柔之美的体现，正是两种极致之美互为相益的最周延的表达。诚然气韵之分，气韵的表现或抑或扬，但就整体而言，中国造型艺术的审美风格，不能不说与中国人的平静安分、深沉静默的心境主流同出一源，这也正是中国雕塑造型观念的精神本质。

2.中国雕塑造型的样式

中国人物雕塑最常见的造型样式是两脚左右分开平行落地，大有稳如泰山之势。虽也有两脚稍稍前后错动的造型，但基本上见不到像古埃及雕塑那样向前迈出一步走向永恒来世的姿态。求稳是中国雕塑造型的基础，这与植根黄土文明而形成的一种与大地始终保持亲和相安的文化情结、心

---

① 　选自《管子·心术上》。
② 　选自《管子·白心》。
③ 　选自《礼记·乐记》。
④ 　选自北宋周敦颐的《太极图说》。

理定势一脉传承。①

中国雕塑的人物造型一般呈直立状,动作多集中在上肢的躯干和两臂姿态的变化中,对传神的脸面表情刻画尤为重视。重视神似,强调传神是中国传统文化在雕塑艺术中必然的反映。然而中国雕塑对神的表现则偏重突出共性,个性上的区分和微妙的细节变化相对较弱。无论人物还是动物,面部表情普遍类型化、脸谱化,人们更相信相书上描述的类型化很强的面谱。这亦是规律化方式的表现,形成了中国雕塑艺术自己的一大特点。

显然中国雕塑的直立状造型并无丝毫僵硬死板之感,或大或小,或强或弱,或藏或露,总有一种楚楚动人又难以言表的意韵在律动。古埃及雕塑有"正而律";西方雕塑有重心为轴心的体面转动;印度雕塑有三道弯;中国雕塑则是从太极阴阳两面界交的 S 线为基底,建构一条以气为动、寓韵之美的线。这条线把几千年的中国文化连成一体,它是中国绘画艺术千古不变的神髓,同样也是中国雕塑静中寓动的生命主脉。

(二)"平面感"

追溯造型艺术的源头发现,线是遗留至今的原始先民创作的造型艺术最常用的语言。线条虽不是中国人独创的专利,但在中国的造型艺术中,独步古今的"谢赫六法"中的第二法即"古法用笔"早已显示出中国人对线条高度自觉的认识。线是一种非物质性的客观世界,是人们的肉眼无法看到,由人的大脑思维活动依据对客观世界观察理解判断而产生的一种智慧的创造。中国雕塑对线和线的运用尤为重视,并构成中国雕塑艺术形式的一大

---

① 在中国难以尽数的雕塑中,单纯表现速度和运动的造型,其成就卓绝堪称极品的力作当属甘肃武威出土的《马踏飞燕》。骏马一蹄踏着象征速度飞快的燕雀,两腿伸展呈水平,两腿内收呈弯曲,在空间中奔飞的四蹄连成一条长长曲线,产生一种有序的韵律之美。从马头到后腿,从前腿至马尾构成一个大的 X 造型,既有力的放射,又有力的内聚,相互矛盾的交错因曲律的韵动和谐而统一。动为其形,静为其质,正所谓动中寓静。《说书俑》也是一件因动态十分生动而著名的雕塑作品。说书人一边手足有力地向前呈直立状伸出,一边是紧缩成团状的左腿和抱鼓的手臂,极致的动作状态将手舞足蹈的说书俑表现得畅快淋漓,给人强烈的艺术感染。《说书俑》的造型并不是西方雕塑造型注重的连贯起始和终结中的具有典型性的瞬间,而是运动过程达到最高潮的顷刻。这一造型的顷刻与《马踏飞燕》的造型顷刻如出一辙。与其类同的雕塑造型在中国雕塑中比比皆是,不胜枚举。可以看出中国雕塑造型的顷刻并不强调矛盾或对立因素正处于最激化的典型状态,而是着重在规律化方式的表现,以力与运动的最高潮或极限交点,即矛盾和对立归于统一的终点上作为顷刻。中国雕塑的造型不以追求表达特定时间过程中的某一瞬间为目的,而是在自然而然的时间流动中表现一种与自然规律、宇宙精神更贴切的和谐,故而具有更加宽泛、更具内涵和更具审美意趣的表现。

特征。①

中国雕塑的"平面感"表现在其语言符号与思维方式上。

1. 语言符号系统

艺术的表现形式与人的语言符号系统密切相关。《易经》是对中国古代哲学和艺术影响最大的一本书。用"—"代表阳,用"— —"代表阴,两种线型作为最基本的符号(即称爻),用三线(爻)组成另一种符号得出八个符号,即八卦:乾、坤、震、艮、离、坎、兑、巽(《周礼》称作经卦)。再用两个经卦重新构成另一种符号,得出六十四个符号俗称六十四卦(《周礼》称为"别卦")。《易经》完全是用线条的不同组合建构起一个"弥伦天地,无所不包"的宇宙模式。如图 5-2。

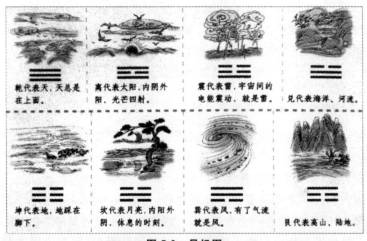

乾代表天,天总是在上面。

离代表太阳,内阴外阳,光芒四射。

震代表雷,宇宙间的电能震动,就是雷。

兑代表海洋、河流。

坤代表地,地踩在脚下。

坎代表月亮,内阳外阴,休息的时刻。

巽代表风,有了气流就是风。

艮代表高山、陆地。

图 5-2　易经图

中国人的观察和思维方式基于宏观和无穷,并且具有丰富的直觉性。具象的感知直接跨越逻辑的中介,迅速产生思维结果并仍以具象表达之。中国人的思维能力表现出高度的概括性,使中国的符号体系打上了深深的意象烙印。符号内涵不确切,在传递当中不同接受者可能会有不同的理解,如《易经》中代表阳"—"和阴"— —"的两条线究竟出于何意?至今仍众说纷纭,莫衷一是。西方的黄金分割律是 1∶1.618,大体相当约 5∶8。数字

---

① 在西方绘画艺术中线条主要用作构图、轮廓、定稿,其作用基本消隐于色彩、面块之中。在文艺复兴巨匠达·芬奇的眼睛里,线条不过是太阳照在墙上映出一个人影的轮廓而已,然而线条作为造型艺术的一个主要艺术语汇,与绘画有密切联系是毋庸置疑的。

虽是抽象的,但却是明确无误的。①

2. 思维方式的表达

中国人的认识方式具有明显的线性流动感。天文学上的星象图清晰地记载着人类视线呈线型运动的轨迹,云纹亦同样用一条更随意悠长的线,勾勒出人们观察云气飞动的图像。中国人的思维方式与这一认识方式保持着高度的同构性,具有明显的线性思维方式的特质。

从观察方式、思维方式到表现方式是一个系统,中国人由实践、体验、智慧,独立创造并早已完成"同质、同构"的系统。雕塑艺术作为此系统中的一个支脉,只能通体贯穿中国气派、中国风格,而不可能出现其他表现形式。

(三)"形象"

中国人从数中把握"天地之序",衍化为"社会之序""人伦之序",从"相术"的推演中认识到人的相貌有善恶之分,最终成为合乎伦理之道的评判。因此,求善与求美成为中国雕塑造型普遍依循的重要观念。②

1. "五行"说及中国人的审美定势

中国从春秋战国之际形成的"五行"说,揭示出物质世界的五种存在形式与"和而不同"之像。气聚而合,则万象生机盎然;气散则分,万物凋零衰败,"中和为美"实为大千世界之本。

中国人"五行"之合所蕴含的天地之理,自然成为"人"应合乎宇宙世界的"天"理。"5"不仅仅是一个吉数,"5:1"也是一种美的基准。"五短身材"似乎并不是现实生活中自然人的客观比例和实际面貌,但在中国古代绘画的人物造型和雕塑人物造型中,头大、身短则比比皆是,是司空见惯的现象。

---

① 两种不同的符号体系必然制约和影响两大文化的发展,西方人在不断的修正已有的定义概念,而中国人则一直乐于埋头做训诂的研究。中国画家首先要潜心摹拟前人之作,在练习掌握笔墨技巧的同时,更重要的是体味不可言传,只可意会中的"意"的含义,只有摹写揣摩前人的古意,才能把握其符号内涵的特质,否则其作品很难纳入已被中国广泛理解和欣赏的信息含量丰富而且颇为神秘隐喻的符号系统中。传统的实践经验和视知觉的体验,本来就是直觉思维必不可少的构成部分,对传统的高度重视不能不说是中国特有的思维方式的一种必然的体现。

② 这与西方雕塑有着明显的差别,西方雕塑自古希腊时期起奠定了严谨的科学方式和理性精神的牢固基础。以数、比例、几何原理和逻辑求证的方法论,直至文艺复兴形成了透视学和解剖学,使西方雕塑在科学与理性支配下,始终沿袭着客观再现、自然逼真的造型"范式",执著不竭的探究"求真""求实"的标准和审美精神。

因合乎"天人合一"的"合"，乃为一种至高的境界。很显然，中国人的美是主观的，并以天地之序建构起人类社会伦理之规，通过"和谐""共生"实现"天下大同"的终极追求。

中国人的审美中无疑包含着更多的社会伦理、共性价值和主观的随意性，迥然有异于西方人强调"自然法则""绝对真理"的客观性和严谨性以及在"对立"方式中，呈现"个性价值"的审美定势。这一不争的事实，同样在中国古代人物雕塑的相貌刻画和表现上，突显其独有的特质。中国古代艺术重"写意"，而西方古代艺术重"写实"，这正是两大艺术植根不同之源形成的必然结果。

2. 中国雕塑人物形象的造型之规

中国雕塑经历漫长持久的时间和无数艺术的实践，形象地指明其雕塑创作和发展的确有章可循。一方面外来的佛陀和众弟子有"三十二相"和"八十种好"为佛律之规，提供了佛门造像的摹本和诸多的要求。另一方面有关中国天上诸神和地上凡人的造像，大抵遵循着古老的由《易经》原理逐步演绎形成的"相术"。诸如"相书"之类的有关"面相"的各种说法，是中国人"识相""知人"，预测"祸福"的金科玉律。"相术"经历朝历代大量的相师们不断精研和大力推进，上至帝王权贵，下至社会各阶层的众生均普遍接受，甚至深信不疑。各类"相书"中详尽的图文论述，作为"相术"之说的具体寓意和内涵在口口相传中，人们喜闻乐见，早已深入人心。显而易见，"相术"之说对中国雕塑人物造像的影响不仅成为直接而且至深至广，甚至是直观可感的各类人物造型的范本和重要的依据。①

源自"相术"揭示人物相貌各异所存在的善、恶、吉、凶、福、祸、贵、贱、忠、奸之分以及不同的命运的归宿，为人的相貌打上突出社会伦理与运行规律的深深烙印。类型化、程式化不仅成为把握人物相貌的关键，同样亦是中国人物雕塑最重要和最擅长的关键要素。男像、女像，文像、武像等不同的

---

①　西方雕塑写实风格兴起于古希腊。相比古罗马雕塑，以数和比例为基准的古希腊雕塑的写实更富有一种理想的美。而人死后留下"面模"的做法，一直是古罗马人的传统，肖像雕塑兴盛于罗马正是这一"传统"和"高尚"的必然。古罗马为西方雕塑真正走向写实之路迈出了重要和坚实的一大步。直至文艺复兴解剖学形成一个专门研究人的肌肉组织、骨骼结构和人体各种运动所产生变化规律的学问和技能，终于成就了西方写实雕塑的巨匠米开朗基罗及其创作的难以企及的写实雕塑的伟大巨制。对人像和人体解剖知识的不断积累和准确无误的把握，推动西方雕塑写实程度日臻成熟，着力准确刻画和逼真再现人物的自然相貌特征，为西方雕塑写实风格注入"客观性"和"个性化"的两大显著特征。

类型,皆有不同好坏相貌的程式特征,中国人物雕塑正是着力于此,形成了注重主观性表现的"写意"风格。

(四)"绘画性"

中国雕塑的绘画性是指中国雕塑在表现方法和形式上,将其投入和选择所形成的对中国雕塑艺术的影响是不可低估的。比如唐代的杨惠之是当时著名画家,后转为雕塑家而成一代大师。中国的画家从事雕刻,自然将绘画意识、审美情趣贯注雕塑之中,并产生一定的影响力。

1. 平整光滑的肌理

中国雕塑基本上保持一种平整光洁的肌理,这也是中国雕塑平面感形成的一个不容忽视的原因。虽然平整不利于加强立体感的表现,但为中国雕塑的线型语言的运用以及衣纹、服饰飘带和其他装饰物的刻画处理创造了理想的条件,为中国雕塑在表现手法上大展风采提供了用武之地,如图5-3和图5-4。

图 5-3　彩塑力士像　　　　　　图 5-4　泥塑罗汉像

2. 线条的充分利用

中国人物雕塑的衣着纹饰,给人印象最深刻的是衣褶体面虽有凹凸,但更多的是追求线条交叠产生的极富韵致的流动美感,充盈着一种画意的神韵。中国雕塑表面肌理擅长平整处理,有助于线的造型和线的表现,给予线之美充分的展现。

3. 色彩的表达

中国雕塑在表现方法上除了擅长用线表现之外,通常都要施色敷彩,使之更接近绘画效果。中国绘画艺术的文人画在唐宋以后,以墨取代了昔日重彩的传统统治地位,民间艺术则一直不间断地保留着强烈的大红大绿的色彩表现。而中国雕塑发展到明清时代,彩塑艺术仍大放光彩。一方面说明雕塑艺术把中国艺术传统一贯始终;另一方面似乎也反映出这么一种现实——中国雕塑制作的主力军主要是民间的工匠,他们或多或少会将民间艺术某些文化特色带进自己从事的雕塑艺术之中。

4. 浮雕艺术的热衷

中国雕塑以浮雕形成了蔚为大观的主流。浮雕在雕、刻的制作方法和物质材料的使用上,与丹青笔墨描绘形象的绘画艺术不同,故属雕塑艺术之列。以平面依托为条件,即使有一些凸起效果很高的浮雕,也基本上仍保持着一个二度空间的凹凸起伏,视觉趋于定向性,并可平面展开,适于表现和塑造繁杂场景及众多的人物,显然这一切又和可供环视的立体雕塑有所区别。黑格尔指出"在浮雕里雕刻的表现方式已向绘画的原则迈进了一大步",①它归属雕塑,相近于绘画,但又不同于绘画,似与不似之间即是浮雕艺术介于两种艺术之间而显示出的独具自身个性的艺术特点,这也是中西浮雕艺术具有的共性。不过深受雕塑影响的西方浮雕艺术,与更接近绘画效果的中国浮雕体现的美各有所长,在不同文化背景下的发展亦大相径庭。

中国人热衷浮雕艺术,进一步证明了中国人的视知觉对平面性物象选择的偏重。那么浮雕具有绘画性的效果自然是这一体系支配下的必然产物。

(五)"影像化"

中国大部分雕塑具有层次不同的浮雕感,中国人创造了这一造型的模式,或者说是为了适合平面性造型而形成了最富有创造精神的表现方式,即强调造型"影像"的效果;"S"形的造型结构。如果只把这看作是"表层上构思形体",显然低估了中国这一空间形式惨淡经营的匠心和所包含的深刻内容。

1. "影像"的效果

所谓影像是指人们通常认为的剪影,即外轮廓的整体形象。从强调轮廓的界定,并用线条勾勒其形象这一中国绘画艺术的优秀传统中不难看到,中国雕塑因何重视影像效果的原因。三维空间的雕塑造型,因体面的扭曲、旋转会出现形体局部或部分的遮掩,直接造成影像效果的某些含糊和变形,

---

① 黑格尔. 美学(第三卷上册). 北京:商务印书馆,1979

平展舒朗的造型容易产生理想而清晰可视的影像。无论是动物雕塑，还是人物雕塑，中国雕塑的造型不以团块感见长，"影像"已超出欣赏习惯的范畴，而成为中国雕塑艺术平面感形成的一个重要先决因素，宽泛地讲这也是中国雕塑造型普遍具有的形式特征。

中国人对形象轮廓特殊的敏感，是中国独有观察方式长期训练的结果，实体的造型与虚的空间之交又是界定的轮廓线，引导视线迅速和直观地把握其造型的基本形态，用线勾勒、描绘，确定形象本身就是高度概括的艺术创造。中国人把自己的认识方式和审美方式自然而然地倾注于雕塑之中，简练、概括、流畅富于整体美的影像，使中国雕塑与写实、自然、精确富于起伏和微妙变化的西方雕塑，在表现方式上经纬分明，形成两种不同的审美感受。

2."S"形的造型结构

平面性是指中国雕塑强调左右或上下，而不是前后纵深变化构成的造型与体量以及三维空间更多呈现出二维性的视觉效果。中国雕塑的"S"形造型结构，具有丰富的表达力和隐喻性，它决定了中国雕塑体面构成所偏重的平面性。换言之，平面性的体面在中国人视知觉习惯的条件下被充分表现出来，虽然中国雕塑的理论没有什么文字记载，但是中国古代的能工巧匠在他们创作的石头书中留下难以胜数的宏篇巨制和瑰丽动人的篇章，用可视的形象语言不断重复地讲述着一个主题，即线为骨、面为形，这是中国雕塑造型的两个最关键的要素。

第二节　主题雕塑及其特征分析

一、主题雕塑的内涵

雕塑作为城市中不可或缺的造景、文化表达要素，广泛应用于城市的宏观环境与微观环境。

主题雕塑是社会主义物质文明以及精神文明建设的重要内容。通常来说，主题雕塑是凝聚城市的历史文化、民俗文化甚至时尚文化的重要载体，它以独特的艺术形式，向世人展示特定的主题与文化，同时也是展示城市精神面貌、经济发展水平的重要衡量标准之一，而柯尔克孜族主题雕塑的创作也正是基于这样的背景，即展现民族精神面貌并提升民族凝聚力。

(一)主题雕塑的概念

主题雕塑是城市雕塑中的一个分支,是具备特定主题、设置于城市公共空间内部的雕塑作品。主题雕塑区别于一般城市雕塑的本质特征是其所表达的主题必须依照特定环境、特定文化确定,而不是艺术家个人情感的表达。此外,主题雕塑必须根植于环境,必须与周边环境一同实现特定的文化主题或感情诉求(图5-5)。

图5-5　大连奥林匹克广场刘长春主题雕塑

(二)主题雕塑的分类

雕塑隶属于造型艺术。在《辞海》中,对于雕塑的解释:"是雕、刻、塑三种制作方法的总称。以各种可塑的(如粘土等)或可雕可塑的(如金属、石、木等)材料,制作出各种具有实在体积的形象"。《现代汉语词典》将雕塑解释为:"雕塑与塑造,是造型艺术的一个部门。"从上述两个解释可以看出,雕塑实际上是雕刻与塑造的统一。雕刻是利用特定工具对材料进行形象的创造,而塑造则是通过加减、删除、填补等方式,达到特定的形象。其中,这种方式塑造出具有三维特征的作品,能够被全方位的欣赏,是与绘画最为典型的区别。作为一种特殊的艺术处理形式,艺术家利用它来表达特定的感情。

城市雕塑是雕塑的一个类别,它的主要特征是设置于城市公共空间内部,具有公共属性与特定的主题。其中,城市的公共空间包括:城市道路、广场、滨水空间以及其他开敞空间。城市雕塑是城市中最具人情味的艺术作品,因为它的艺术语言形式直接、明了,与环境一同增强了其所在区域的美感与艺术氛围。

纵观世界各地的知名城市雕塑艺术作品,尽管形态多样,造型各异,但从功能上来讲可以分为五个类别。

1. 纪念性雕塑

作为一种严肃的雕塑类型,纪念性雕塑的主要功能是讴歌、赞美历史上曾经出现的做出重大贡献、对社会发展有重要意义的人物或事件,以雕塑的形式记录历史上曾经发生的重大事件。这些作品深刻地表现了创作当时占统治地位的、主流的思想与观念,在一定程度上反映出当时时代特征与价值取向,因此它具有巨大的影响力。纪念性雕塑一般设置于城市开敞空间或者重要建筑前,如北京天安门广场的人民英雄纪念碑,同时需要较大的空间以支撑围绕主题开展的纪念性活动。

2. 标志性雕塑

通常作为一个区域、甚至整个城市的标志,如美国纽约的自由女神像,法国巴黎的埃菲尔铁塔,青岛的五月风雕塑,哈尔滨的防洪纪念塔雕塑等等。从一定意义上说,标志性雕塑对于提升城市知名度、增强城市识别性具有重要的作用,通常这类雕塑设置于城市中最显著的位置,如城市出入口、城市中心广场、城市制高点等。

3. 装饰性雕塑

在城市中所占比例最大,通常这类雕塑既不需要特定的主题,也不需要刻意强调其表现手法,具有极大的灵活性与多样性。装饰性雕塑的作用主要体现在美化环境、活跃空间氛围以及提升城市或特定区域的可识别性。部分装饰性雕塑也起着提示区域文化特质的作用,如中央大街建筑墙身上所采用的装饰性构件,就可以算作这类雕塑(图 5-6)。

图 5-6　哈尔滨中央大街 127 号建筑雕塑

4. 雕塑性建筑

实际上是具有特定审美价值的建筑作品,其标志性较强,甚至已经成为一定区域内的重要节点。从另一个角度看,雕塑与建筑本身就具有一定的内在联系,主要体现为两者都是三维空间的造型艺术,都能体现设计者特定的创作理念、表现手法,也能够体现特定时期的价值取向。典型的例子就是巴黎凯旋门以及悉尼歌剧院。

5. 展览陈设性雕塑

通常采用雕塑园、艺术家创作中心等形式加以展示,供民众集中参观,如长春雕塑公园,这类雕塑通常不具备城市雕塑的属性,更多的是艺术家自我展示以及相互交流的创作行为。

(三)主题雕塑的功能

主题雕塑的功能主要体现在社会功能。一般来讲,主题雕塑具有城市美化与心理引导、文化功能以及经济功能三个方面。

1. 城市美化与心理引导功能

随着社会的不断进步与发展,城市发展速度远远超出人们的想象。在快速发展的城市、社会发展背景下,城市中生活环境逐步恶化、人口密度不断增大导致了城市物质、精神生活水平日益下降。在这样的发展背景下,很多国家、城市管理者已经逐步意识到问题的严峻性,纷纷提出文化立国、文化立市的发展策略,其目的就是重拾人们在快速发展中所失去的对过去城市的美好回忆以及人与人之间真诚的关系。主题雕塑作为城市文化载体的重要组成部分,能够在城市中发挥美化城市空间环境、缓解市民焦躁情绪的作用,引导城市及其市民心理向着有序的方向发展,主题丰富的各类雕塑作品的出现,调节了城市呆板的氛围,使城市处处充满了艺术感,有利于人们形成良好的社会心态。

2. 文化功能

如果前者的作用表现在表面,则文化功能更多强调的是主题雕塑的内在功能。从世界上文学、艺术比较发达的国家来看,其雕塑通常具有独特的文化特质,甚至能够成为国家文化的标志和象征,从本质上来讲,他是一个国家、一个民族文化积淀的凝缩,因此一个国家的雕塑能够从一定水平上反映该国的文化特征。同时,主题雕塑通过自己的艺术语言,使公众对城市有了较为深刻的理解,形成城市文化的认同感,有利于塑造城市市民共同的价值取向。

由于主题雕塑创作受到时代发展的限制,不同时代人们都有着不同的价值追求与精神面貌,因此不同时期的主题雕塑作品都能够充分反映当时的文化特征。

3. 经济功能

尽管主题雕塑不能为城市带来直接的经济效益,但是却蕴含了巨大的经济价值。第一,主题雕塑对于城市美化所起到的作用非常巨大,作为城市投资环境的文化要素与美学要素,间接地提升了城市的投资环境;第二,带动"景观经济"行业发展。所谓景观经济,就是依托良好的城市、区域景观品质,带动区域的旅游发展,最终实现城市的经济发展。然而,这也是主题雕塑区别于一般雕塑的重要方面,一般城市雕塑并不完全具备经济功能,或者说,不能在"景观经济"中起到决定性的作用。

在欧洲城市,这样的例子很多,如巴黎、典雅、米兰(图 5-7)等城市,都是以主题雕塑作为城市旅游的卖点,最终成为世界著名的旅游胜地,旅游收入在城市国民收入所占比重很大。

图 5-7 圣玛丽亚·德·葛拉齐亚教堂内的雕塑

近年来在我国兴起的红色旅游,其发展异常迅速。红色旅游实质上就是利用革命地、革命纪念物以及所承载的精神文化作为卖点,吸引国内外游客参观游览。这种旅游在参观形式的设计上就必须考虑再现当时的环境,这就要求充分利用声光电等各类先进手段,而雕塑作为其中最为直观的展示手段,运用最为广泛。以南昌为例,作为八一起义打响国民党反动派第一枪的地方,以再现革命历史、爱国教育为主题的城市主题雕塑群,创造了巨大的经济效益。

综上所述,主题雕塑作为人的创造物,它实际上是人们思想的一种外在表现形式,记录着人类思想发展与进化的历程。因此,城市雕塑能够体现出人类生产、生活的方方面面,并折射出人类在不同阶段的价值取向,是人类各民族的文化、智慧结晶的表现形式。因此,任何具有典型意义的城市雕塑一旦形成,就会作为民族文化的永久物化形态,并不断被利用与发扬,具有积极、长远的意义。

(四)主题雕塑与公共艺术的联系

从前文可知,雕塑是雕、刻、塑三种创作方法的统称。作为具有公共属性、社会属性以及文化属性的主题雕塑,隶属于公共艺术的范畴,但两者在形态、应用领域等方面却有着一定的区别。

首先,公共艺术必须存在于特定的公共空间,即在空间属性上必须是公共的,作为公共方式而存在,因此只有存在于公共空间内部的艺术作品才能够被称作公共艺术。简单地说,一件雕塑艺术品在完成之前都存放在私人空间内,就不能够被称为公共艺术作品,而只是一件私人物品,因为它们的属性是不一致的。

其次,尽管主题雕塑与公共艺术都具有表现城市文化特征与形象特征的重要功能,但前者着重体现特定的文化特征,后者则以城市文化为背景,体现更宽泛、更普遍的文化特征,是城市文化水准的重要衡量标准。如克里斯托的包裹艺术,就属于典型的公共艺术,他用白布包裹德国国会大厦的结果并不是一个简单的作品(图5-8),而是作为"文化事件"或者"文化行为",而这个事件又深刻影响了德国人固有的思维方式与价值观念,充分展示了一个民主、开放、包容的国家文化特征。

图 5-8　被包裹的德国国会大厦

因此尽管主题雕塑属于公共艺术的范畴,两者并不是完全吻合的,既有交叉,又有各自的应用领域。

二、主题雕塑的特征分析

主题雕塑作为城市雕塑的重要组成部分,具有与城市雕塑相类似的特征,但又具有区别于一般雕塑的典型特征:首先,其体量较其他类型雕塑大,往往处于城市或者区域的重要节点,如广场、公园、城市滨河景观带等;其次,它具有装饰与美化城市环境的作用;再次,它具有特定的文化功能,如提示区域文化特征(图 5-9)。

图 5-9　重庆洪崖洞吊脚楼主题雕塑

下面以柯尔克孜族雕塑为例,论述主题雕塑的四大特征。

(一)民族认知性

民族认知性是主题雕塑的一个基本特征,也是柯尔克孜族主题雕塑需要实现最重要的特征之一,具体是指"其由社会大众共同享有的一种最基本的特性",主题雕塑理所当然作为艺术家体现自身创造性思维、个人情感、心理感受并展示个人审美素养的作品,但同时,这类作品必须考虑与城市市民的交流、反馈。

主题雕塑现在才刚刚渗透入柯尔克孜族的社会生活中,这可以证明雕塑存在的社会性即认知性在日益增强。从民族认知的角度来讲,新时期这种民族雕塑作品的创作,要求艺术家通过作品了解当代社会的思想主流,了解当代柯尔克孜族人民的价值追求,并能够感悟出整个民族所蕴含的历史、民俗、文化内涵,并以此加以发挥、创造,"力求以一种创新精神以及与时代接轨的创作方式,去实现城市雕塑的社会性"。从这层意义上讲,雕塑艺术家尽管不能完全抛弃个人喜好在其作品中或多或少的流露与表达,但从柯尔克孜族主题雕塑的公共性这一本质特征来讲,实质上是一种公共行为,是为了满足民族某种精神需求而存在的,故其审美的评论权、作品成功与否的决策权,全都隶属于大众。因此,主题雕塑作品要想取得成功,就必须拉近大众与艺术家的关系,拉近大众与作品间的关系,使其与大众产生共鸣,才能取得成功。

柯尔克孜族主题雕塑的民族认知性,还体现在它与公共环境的相互呼应关系上。以柯尔克孜族民俗博物馆为背景,其主题在某种意义上已经确定,或者说,他必须与所处的环境在文化层面融合为有机整体。否则,作品不但不能为环境增添亮点,还会破坏自身的艺术价值。柯尔克孜族主题雕塑的公共环境是指民族博物馆,更大范围是指柯尔克孜族人民生活的环境。

在其他雕塑的公共环境,还包括自然环境、历史环境以及人文环境,如重庆解放碑商业步行街的小吃街,设置了以市民吃火锅场景为主题的雕塑作品,充分展示了重庆的火锅文化(图5-10)。

图5-10　重庆解放碑商业步行街的主题雕塑

综上所述,柯尔克孜族主题雕塑的民族认知性,决定了雕塑作品的文化特质、表现形式,这也就间接决定了艺术家的个人发挥程度。一方面,需要个人的审美、感受以及对特定环境的理解,使作品更加丰满;另一方面,个人的发挥必须与作品所处的柯尔克孜族民族环境相吻合,使作品的社会功能充分的发挥出来,最终成为一件成功的作品。

(二)形象标志性

黑格尔在《美学》一书中指出,"艺术家不应该先把雕刻作品完全雕好,然后再考虑把它摆在什么地方,而是构思时就要联系到一定的外在世界和它的空间形式和地方部位。"雕塑主题完成后,使之充分融入特定的城市环境,是雕塑创作的重要内容之一。

形象标志性相对于公共性而言是更高层次的要求。因为雕塑作品的设置不仅仅作为环境的附属与点缀,而是具有特定的社会、文化功能,而这些功能又必须通过雕塑作品的展示性实现。

柯尔克孜族主题雕塑在其标志性特征层面,都应符合特定地域、特定文化、特定人群的审美需求,并为本族大众甚至是更广泛的人群所接受。所谓的审美需求,就是所说的主题雕塑通过其展示性特征展示给公众的审美、社会、文化意义,并以此使公众具有特定方面的情感共鸣。如哈尔滨市中央大街铜马雕塑,就充分展示了中央大街独特的情调,具有极强的审美意义(图5-11);相反,位于西大直街上的系列雕塑,如石榴等,则没有与其所处的环境相互融合,故无法充分发挥其标志的作用。

图 5-11   哈尔滨市中央大街《铜马车》雕塑

综上所述,柯尔克孜族主题雕塑的形象标志性应是通过作品的形式、尺度、色彩与材质等内容综合决定的,是为了引发公众的情感共鸣而必须重视的特征之一。

(三)地域展示性

主题雕塑的"为复杂的城市视觉识别系统提供一种经过升华凝练的印象标志,使人们透过现象把握本质特征,把一个城市与其他城市区别开来"。主题雕塑的地域展示性,具有明了、直接、易于理解以及内涵深刻的特征,容易引起公众的兴趣并引导其按照特定的思路深入的思考。如美国的自由女神像,成为了国家的象征。船只通过海路来到美洲,首先看到的就是这座雕像,即暗示已经到达了目的地——美国。来源于童话《海的女儿》的哥本哈根《美人鱼》来到上海 2010 年世博会后,成为了最为著名的景点,充分展示了丹麦的"童话"文化,同样说明了雕塑作品地域展示性的重要。

这方面在哈尔滨防洪纪念塔的设计上有较为典型的体现,防洪纪念塔是为纪念哈尔滨市人民战胜"57 年特大洪水"于 1958 年 10 月 1 日建成的,位于中央大街沿江一侧的尽端。它所具有的地域性已经成为哈尔滨的城市名片(图 5-12)。

图 5-12　哈尔滨市防洪纪念塔

柯尔克孜族主题雕塑将作为富裕县民俗馆甚至整个县城重要的视觉识别符号之一,这也是主题雕塑的重要功能之一。

柯尔克孜族主题雕塑应具有明显的地域展示性,雕塑所处空间环境比较空旷,雕塑作为景观视觉中心出现,是历史事件的反映。从宏观环境来讲,主题雕塑应该与其所处柯尔克孜族民族环境相互配合,共同形成区域的展示性的景观,充分展示民族的主题、文化特征以及自然景观特征等内容。

(四)文化主题性

如果说主题雕塑的公共性、展示性以及标志性特征更多的隶属于视觉层面的特征,文化主题性特征则更多强调其精神层面所表达的内涵。

文化主题性通常包含两方面的内容,首先,所谓主题必须是与环境相协调形成统一体体现的主题,这类主题实际上是对环境主题的凝聚与升级,并以明确的形象予以表达。例如《列宁格勒英雄保卫者纪念碑》这个作品中,观看者通过广场内环境与雕塑的相互关系中,可以感受到列宁格勒保卫者的英勇与伟大。其次,主题性还体现在通过雕塑自身所蕴含的典故、故事等内容表达的特定文化内涵,其特点是不容易被感知,或必须辅以一定的说明或介绍,苏珊·朗格认为这类主题"是感觉空间的能动体积的意象","一个雕塑是一个三维空间的中心,在感知中,雕塑特殊的形态结构使之产生浓厚的精神氛围,即主题性,当然这取决于雕塑语言自身的内在凝聚力[①]"。这是主题性特征的更高层次表现,如巴黎的凯旋门,若想了解它的主题,则必须对相关的背景有比较全面的认识。通常,两类主题是同时存在的。

苏联在 1959 年赠送给联合国的雕塑《铸剑为犁》,雕塑中人物一手持铁锤,另一手持要改铸为犁的剑,表达了对战争的恐惧,以及向往和平的美好希望(图 5-13)。诸如此类雕塑及其所表达的主题,通过特定的雕塑语言语义表达,配合环境使之更具有说服力,更加明了。

图 5-13　《铸剑为犁》主题雕塑

柯尔克孜族是一个历史悠久的民族,悠久的历史和牧业生产生活,造就了柯尔克孜人豪放爽朗的性格和丰富多彩的文化生活,其中最突出的是民歌、诗歌、音乐。柯尔克孜族人民能歌善舞,伊尔奇、玛纳斯奇是民间音乐的创作者、加工者和传播者。还有多种群众性的娱乐、体育活动,如赛马叼羊、摔跤、马上角力、拔河、荡秋千、夜游、捉迷藏、欧运、姑娘追,等等。民间乐器亦很丰富,有考姆兹(三弦口琴)、奥孜考姆兹(吹奏乐器)、克雅可(二弦拉琴)、帕米尔考姆兹(铁三弦)、却奥尔(牧笛)等。柯尔克孜人劳作、娱乐的场景都为主题雕塑提供了丰富的素材。

第三节　主题雕塑与环境关系

主题雕塑与环境的关系,从本质上说是两者在社会层面、经济层面以及文化层面的呼应,只有达到高度的统一,才能使雕塑主题最优地表现出来。

---

① 黑格尔．美学(第三卷上册)．北京:商务印书馆,1979

本节将以柯尔克孜族主题雕塑为例,阐述主题雕塑与环境的关系。

一、主题雕塑与社会环境的关系

社会环境直接决定了主题雕塑创作的思维方式与价值取向。城市市民的区域性审美一致是一种普遍的社会现象,在全世界范围内都普遍存在。在艺术领域,市民由于被特定的文化价值取向所影响,逐渐形成了对于美的普遍一致的认识,而这种认识通过长期的修正、重塑与积淀,日益完善与深刻,最终导致市民趋于一致的审美心理范式。

从这个观点出发,可以得到以下结论:不同的审美心理范式决定了不同区域、不同环境范围内的市民有着各自不同的审美取向。这种或强或弱的取向关系到市民对于雕塑创作的接受程度,主题雕塑作品创作的成败将受到强烈的影响。举例来说,中国传统思维中对于龙、凤、灯笼等物件以及红、黄等色彩的喜爱远远超越其他国家,认为这些元素是喜庆、吉祥的典型代表。北京的城市雕塑《国风》(图 5-14),将龙、灯笼与红色三个元素有机的结合在一起,完全迎合了中国人的审美特征,这就是由中国人相对一致的审美心理范式所决定的。在有些国家,红色恰恰是整个民族所忌讳的颜色,如泰国,他们认为使用红色是对逝者的待遇。在中国认为是高贵的黄色,在法国则被认为是禁忌的色彩。相反,国外普遍流行的几何造型不锈钢雕塑,在国内的接受程度就较低。究其原因,西方认为人世界由物质构成,故常以此代表世界的本源;中国传统哲学则认为世界是由阴、阳两方面构成的,是抽象、虚无的,因此上述情况的发生就很容易解释了。

图 5-14　北京西客站南广场雕塑《国风》

柯尔克孜族由新疆东迁来到嫩江流域,本地的柯尔克孜族对神马崇拜的习俗一直予以保留,他们相信整个马群的命运都干系在其中的一匹马身上,由此而出现整个民族对它的崇敬,其主题雕塑也不例外。柯尔克孜族各种工艺品以红、蓝、白色为主,尤以红色最受欢迎。不管是新疆还是黑龙江的柯尔克孜族,都有着共同的审美取向,这些都是共同的社会环境造就的,这就决定了柯尔克孜族主题雕塑在与社会环境结合中的设计思想取向。从某种程度上,方案的形式、主题已经被确定。

二、主题雕塑与经济环境的关系

城市的经济环境直接决定了雕塑创作的品质与价值导向。从投资主体的角度分析,随着城市经济水平的发展投资主体已经从政府为主逐步向政府、开发商以及其他投资团体多元化的方向发展,这必然导致雕塑作品品质的提升以及雕塑主题的多元化。

如北京、上海等城市,经济实力较强,城市文化底蕴深厚,城市的雕塑创作必然会引领全国流行趋势,并具有其独特的文化特征。我国其他改革开放以后发展起来的城市,雕塑创作同样具有较强的发展势头。可以说,经济环境的改善为城市主题雕塑的发展提供了良好的条件。从北京城市雕塑管理的发展历程我们就可以清晰地看到经济发展所引发的城市雕塑创作的变迁:在初期阶段,北京雕塑作品严重匮乏,这与历史文化名城的称号是不相适应的,于是成立了专门的管理部门,负责制定、监督、促进城市雕塑创作工作的有序发展,2002年推出"世界雕塑创作营",邀请了国内外大量知名雕塑家参加,并以此为契机建成了北京国际雕塑公园。从那时起,北京的雕塑创作走上了良性发展的道路,直至今天,北京主题雕塑已经形成了体系,并产生了大量著名的作品。

黑龙江省富裕县柯尔克孜族的经济水平还处于发展阶段,雕塑创作多体现民族自身特色,且并未形成体系,雕塑多体现先民迁徙、劳苦的场景。从富裕县建设管理发展水平看,经济的发展使政府越来越多地注重自身的文化特点的建设。政府逐渐由建设者转变为管理者,这样的角色转变,使得政府有更多精力、物力制定相关的城市建设、城市美化政策,这就要求柯尔克孜族雕塑创作应本着经济的原则并适当考虑超前意识,与当前、今后的经济环境相吻合,为县城整体文化品位的提升作出应有的贡献。

三、主题雕塑与文化环境的关系

"城市雕塑永远是从属于城市文化的"。城市主题雕塑是城市公共艺术构成的重要内容,是利用艺术手段记载城市历史、传统的最有效方式。换个角度来说,主题雕塑是城市历史、传统文化重要的载体与记录,因为它集中反映了城市的精神气质、地域文化特征。著名雕刻家刘开渠先生曾经指出:"城市主题雕塑是城市文化的一个重要组成部分,也是文化水平的一个象征,它对城市面貌的美化可以起画龙点睛的作用,具有其他艺术形式难以替代的独特功能"。如美国纽约的自由女神像,充分表达了美国人民追求民主、渴望自由的崇高理想,从一个侧面反映了西方社会对于自由、独立、平等的社会精神的追求与向往。广州越秀山的《五羊》雕塑作品,立足于广州"羊城"的历史文化渊源,可以说是广州文化特点的集中体现,故能够成为广州的城市标志之一(图 5-15)。类似的主题雕塑作品数不胜数,这些作品不仅成为了城市的景点与标志物,还成为城市特定文化特征的象征。可以说,一座城市的雕塑与城市的文化氛围、整体风格息息相关,故对城市文化的塑造有着极其重要的作用。

图 5-15　广州著名雕塑《五羊》

文化是一个民族政治、经济、生产、生活的综合体现,作为民族文化,黑龙江的柯尔克孜族在许多方面都失去了原来的特点,他们来嫩江流域以后受当地其他民族文化的影响以及地理环境的改变,或是接受了其他族的文化,或是适应新的环境产生了新文化,但是仍然保留了许多固有的文化(图 5-16)。在柯尔克孜族特定地域范围内的各类空间以及内部的公共艺术作品,主要是主题雕塑,都无法脱离其所在区域更大范围内的文化特征与历史民俗特征,亦不能脱离当代时代发展的大环境,从这个角度讲,雕塑艺术家应注重从宏观环境、时代背景、历史文化角度出发,综合思考提出雕塑设计方案的主题构思。相反,很多失败的主题雕塑作品存在于我们的生活环境周围,同样可以通过上述的各方面予以综合评价,找到其失败的根本原因并予以改正。

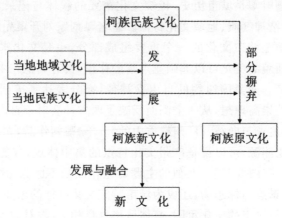

图 5-16　柯尔克孜族文化发展脉络示意图

四、主题雕塑与空间环境的关系

通常公共空间由于使用者较多,这些使用者一般都对环境的理解持有不同的观点。但仔细研究,也能够在其中发现共同点:即公共空间所表现出来的地域文化特色、民族文化特色通常与当地的文化特色相符合,而主题雕塑在其中则起到了明确、提示文化特征的重要作用(图 5-17)。这就是说:有什么样的环境,就需要有什么样的主题雕塑相配合,反之亦然。总之,两者是相互影响、相互协调的统一整体。

图 5-17　成都市春熙路商业街雕塑

柯尔克孜族主题雕塑的创作过程是为公共空间增加画龙点睛之笔，雕塑设计师利用景观设计预留的空间以及对民族情况的了解进行雕塑设计。通过对周边环境的考察，对雕塑艺术的深刻理解，再从雕塑创作的角度对环境因素加以充分的考虑，充分控制雕塑周边环境，应该建立起完整的设计机制，形成景观设计、雕塑设计以及其他配套设计形成完整的工作团队，这样才能真正做到环境—雕塑—民族文化的统一，使主题雕塑真正反映柯尔克孜族的人、环境、文化，具有典型性特征。

第四节　以柯尔克孜族广场雕塑为例研究主题雕塑的创作

一、创作的程序

随着我国经济实力的增强，人民生活水平的提升，公众对环境艺术产生了空前高涨的喜好情绪，营造了广场、滨水、绿地等多样化的休闲环境，而雕塑作品在其中起到了画龙点睛的重要作用。以往将雕塑作为宣扬宗教、宣扬个人功绩的时代已经过去，雕塑以亲近公众并与之对话的低调态度深入了我们的生活，可以说雕塑作品无处不在。柯尔克孜族主题雕塑必须考虑与更大范围内的人文、自然环境相协调。其次，主题雕塑必须考虑特定主题与作品传达主题的统一。雕塑的主题大到国家的文化、历史、风俗习惯，小到市井生活、市民个体的价值追求等等。主题雕塑是城市文化载体中闪光的点，它们有着独特的语言与形式，这也是柯尔克孜族主题雕塑创作的必要性之一，其目的就是通过主题雕塑，再现民族东迁的艰难历程并展现民族独具特色的文化特征。

同时，柯尔克孜族主题雕塑的创作又是一个复杂的过程，本次设计经历多次的讨论与修改，最终形成了主题鲜明、形象生动的作品。

主题雕塑的创作程序为：确定文化基调—选定雕塑题材—选择雕塑表现手法—构思雕塑方案并最终确定的几个阶段。

(一)确定文化基调

主题雕塑创作的前期研究阶段。分析特定区域的文化基调，是主题雕塑创作的基础性工作。通过调查、分析与归纳城市或特定区域的文化特征、建设历程、地形地貌特征、人文风俗习惯等能够体现城市特色的相关内容，并在此基础上结合城市雕塑建设中面临的条件与机遇,确定欲创作作品的文化特征、表现内容等基础性构思有着极其重要的作用。

同时,时尚要素特别是国外艺术流派、先进思想以及多元文化的冲击,为我国雕塑创作带来了无限的活力,也提出了很大的挑战。这些影响促使艺术家一方面必须使作品符合当地所特有的文化特征,表现出"本土性"的特征,另一方面又必须考虑多元文化的时代背景,并融入具有时尚特色的要素、手法,使之具有"国际化"的文化特征。这些复杂而深刻的变化,为艺术家创作提出了较高的要求。

哈尔滨中央大街多元文化的融合充分地体现在其建筑风格上,而时代的发展又促使这条老街不得不考虑时尚元素的融合,这就使城市历史文化、历史环境与时尚元素巧妙地融合在一起,"作为特殊的公共艺术,以高大的姿态、特殊的表现形式给哈尔滨打出来'欧陆风情'的城市文化",打造了一条既传统又时尚的全国知名步行商业街。基于上述的分析,中央大街确定了数座以铜作为主要材质、近人尺度为主、以日常生活为题材、展现哈尔滨文化特色为重点的系列雕塑,如拉提琴的少女、写生的青年、青铜马车等著名雕塑,成为中央大街的标志(图 5-18)。

图 5-18　雕塑《拉提琴的少女》

因此,对于分析富裕县或柯尔克孜族这样特定区域文化特征来讲,它的意义并不会直接体现在作品本身,而是隐藏在作品的背后,只有反复不断地品味或通过大量类似作品的欣赏,才能真正体会到其中的奥妙;从使用者、观众的角度讲,只有具备类似的文化背景或者经历的人群,才会充分体会其中的内涵。

（二）选取特定题材

通过对于相关文化特征的分析,选定主题雕塑的题材就变得相对容易得多了。

主题雕塑的题材通常较为明确。"大多城市雕塑的创作背景都为城市的历史沿革、传说典故、民族风情、民俗礼仪、历史名人、历史故事等为题材,所以常常说城市雕塑记录着城市的历史、讲述着城市间的故事"。因此能够唤起很多人对于该座城市的很多往事的回忆,构筑特定的怀旧情结,因此主题雕塑也就具备了增强城市凝聚力的重要作用。

题材的选定,首先要符合当代的社会主流意识形态,正如前文所说,缺乏对主流意识的考虑,很有可能使作品缺乏时代特征而无法唤起人们的注意,这实质上就是作品失去了价值,成为一件失败的作品。其次,要符合所要表达的特定内容,这是选定雕塑题材最为关键的内容。通常来讲,主题雕塑可以分为:对事件的记录,对历史与文化的记录,对人物的记录以及其他主题,如深圳市市中心的雕塑作品《拓荒牛》(图5-19),寓意深圳市是我国改革的"拓荒牛",它的发展速度创造了世界经济发展史上的奇迹。

图5-19　雕塑《拓荒牛》

在柯尔克孜族主题雕塑的创作中选定题材从以下几个方面予以考虑:

首先,尊重当地历史与民族文化特征。否则作品将很难得到认可,最终导致失败;其次,要具有一定的特色,尽管同一个主题可以有不同的表达角度以及表现手法,但合适的表达角度与手法将大大提高雕塑的品质与认同度;再次,应以公众可接受的视角及语言作为具体创作的出发点,增强作品的亲和力。

综上所述,柯尔克孜族主题选材的选择作为雕塑创作的前期研究,是承接民族文化分析与具体创作的中间步骤,是主题雕塑作品从抽象走向具体的桥梁,有着极其重要的作用(图 5-20)。

图 5-20　柯尔克孜族东迁主题雕塑(以一家五口为雕塑主题内容)

(三)明确表现手法

雕塑的表现手法通常可以分为写实手法与抽象手法。受到艺术家、城市文化、外来文化的综合影响,在当代雕塑创作中,通常不同的艺术家有着自身独具特色的表现手法,彰显出不同的个性,在柯尔克孜族主题雕塑创作中,应结合表现内容、当地居民接受程度,选取适当的表现手法,但通常来讲,雕塑有写实、抽象两种手法。

1. 写实手法

西方的艺术长期遵循着独具特色的"人体雕刻艺术语言",即追求一种写实的艺术表现手法,这些手法直接的影响了西方的雕塑创作。西方的雕刻艺术家通常利用人体艺术来表现个人感情或特定文化,因此其雕塑形象多为神灵或者曾经作出杰出贡献的伟人,对于神灵,艺术将通常将它们赋予人的形象;而对于伟人,他们总是想方设法地把对象刻画得真实、形象。就好像这些人物一直就存在于我们的身边,综观西方的传统雕塑,他们似乎一直在寻求一种真实的手法,强化这些人物的影响力,并使公众认可。

我国的传统美学一直追求意境美,讲究的是"气"与"韵"。我国的雕塑却是在写实的基础上,建立起意境,从秦朝开始的雕塑作品,都强有力的验证了这一点,如最为著名的秦始皇陵兵马俑。

在 20 世纪初期,西方的写实手法传入我国,并占据了重要地位。从此,中国的绘画、雕塑艺术从古典的形态向现代形态逐渐转变,中西文化开始融合,并在中国产生了独具特色的艺术手法。"写实"或"抽象"的概念逐渐模糊,致使雕塑作品使用的手法日趋多样化。

写实的手法多用于主题雕塑与纪念性雕塑,并通常以人物、动物的形象出现。

2. 抽象手法

　　抽象是指艺术形象与其所反映的真实形象有较大程度的偏离或完全摒弃了其自然形象而独立产生的艺术形象。抽象雕塑起源于 20 世纪初期的欧美，随后不断发展，理念传遍全球，越来越多的艺术家利用抽象手法表达着自己的感情，并使之与人的智慧充分结合在一起，作为对写实手法的补充，抽象手法丰富了雕塑的内涵，完善了雕塑体系的构成。

　　抽象作为艺术思潮，在 20 世纪起源于欧美，随后出现了抽象表现主义、立体主义等。抽象手法适用于雕塑作品，通常具有两种表现形式：一是对真实形象进行加减、提炼或者重组；二是完全摒弃真实形象，以构成的形式表现特定主题。其中，近现代使用抽象手法进行雕塑创作，以英国著名的雕塑家亨利·摩尔（Moore Henry，1898—1986）的作品最为典型，如《侧卧像》（图 5-21）。

图 5-21　《侧卧像》

　　正因为抽象的雕塑作品能为城市景观环境带来强烈的时尚感，以及给公众带来思考空间、想象空间，丰富了雕塑作品的艺术感，并使抽象雕塑能够被广泛的接受，成为一种时尚。

　　通过上述分析可知，柯尔克孜族主题雕塑的创作应最先考虑应用写实手法。首先，主体雕塑的内容需要表现柯尔克孜族人物、东迁的历史事件，具有一定的严肃性，而抽象手法更多地融合了艺术家的个人艺术思想，因此不完全适合表达特定的思想主题；其次，抽象手法会使作品的主题变得模糊，不易被明确的传达，使其过于隐晦或具有多种答案，过大的想象空间不利于雕塑作品主题的传达，甚至产生误解；再次，写实手法更容易被公众所接受，形象直观生动，具有更好的主题与文化传达效果。

（四）方案创作与完善

"无论过去还是现在，人始终是一种艺术表达的标准，而且借助于人表达的艺术构思是无穷无尽的"。

我们必须明确，作为主题雕塑，其创作宗旨如实的反映、表达特定的主题，不需要艺术家过多地进行有个人色彩的创作。柯尔克孜族这样的主题雕塑更强调其民族性、公共性，因此即使作品中具有个性色彩，但其整体的价值取向、形象处理应当满足柯尔克孜族人的需求，并与环境相协调。

雕塑的创作过程主要从前文所说的艺术语言的各个方面着手。在创作中，侧重从以下几个方面予以考虑。

第一，对于材质的选择、色彩的运用要强调公众的审美取向。一方面，雕塑艺术 20 世纪艺术家利用艺术语言传达感情的媒介，与绘画等其他艺术类形象比，需要经历材质、色彩的选择与加工这样的阶段，在这个阶段中艺术家的个人情感、对作品的理解都充分的融入作品当中，最终使材质同时具备了形式的支撑属性、文化属性等属性，并一同传达给公众，即材料决定了雕塑的存在。另一方面，公众审美具有有限性，实践证明，公众所喜爱的主题雕塑作品，通常是源于生活、便于理解的，这就能够解释为什么很多优秀的作品却不能被公众所接受的原因。因此主题雕塑材质与色彩的选择要符合大众口味，才能保证作品作为观赏物的基本属性，如哈尔滨爱建的《红色聚宝盆》（图 5-22）。

图 5-22 《红色聚宝盆》雕塑

柯尔克孜族主题雕塑重点强调民族、地域文化与历史事件，故宜采用视觉上相对稳重的材质,如石材、青铜等。

第二,雕塑是一门以造型为基础的艺术形式,造型的成败在很大程度上决定了作品的成败。因此必须考虑雕塑的造型,包括造型与周边环境的关系,与表达主题的关系以及公众的接受能力。

第三,避免过分的个人情感倾向。雕塑作品中融入个人情感是作品个性的重要特征。如果将同样的作品交给不同的艺术家进行加工,会得到不同的作品。作为展示特定内容为主的主题雕塑,有必要将艺术家的个人情感限制在一个可以被公众接受的程度。这样做的好处主要体现在以下几个方面,首先能够使作品的公共属性更加明晰,间接提示雕塑作品所处的空间环境的属性;其次,能够利于公众对作品的理解并接受,取得良好的社会效益;再次,能够避免不必要的歧义产生。

综上所述,柯尔克孜族主题雕塑的创作过程并不是线形的,它需要多次的反复才能最终形成令城市建设的决策者、公众、艺术家都满意的作品。从这层意义上来讲,柯尔克孜族主题雕塑作品最终的是一个相对折中的方案,它融合了多方的利益与审美观、价值观。

二、创作的思路

芒福德曾说:"城市的主要功能是化力为形,化能量为文化,化死的东西为活的艺术形象,化生物的繁衍为社会创造力","城市是一种贮存信息和传输信息的特殊容器"。世界上任何民族、国家甚至地区都有其独特的文化特质与风俗习惯;每个国家、城市都有着自身独特的魅力,作为各个时代文化特征的记录者,主题雕塑与其他艺术形式一起,不仅记录了城市的起源与发展脉络,还折射出城市独具特色的精神品质。以上述论点作为主题雕塑创作的思想根源,艺术家所创作的作品才能具有生命力,真正成为举世瞩目的艺术品。

尽管柯尔克孜族的主题雕塑并不能称得上大型项目,但对于本民族来说,却有着重要的纪念、文化意义,故应谨慎对待,具体体现在以下五个方面的原则。

(一)融合主题与时代

主题性是主题雕塑的重要特征,在雕塑创作中首先要考虑的就是创作主题。可以说,没有主题的作品,不会得到公众的认可,其生命力不会长久。尽管柯尔克孜族主题雕塑更多反映的是本民族东迁的历程,反映的是历史事件,但同样需要在创作思维、手法等方面体现时代特征。相反,主题的确定具有其约束性,表现在同时受限于城市文化、民族风俗、时代特征甚至公众价值追求等多方面的共同影响。正如前文所述,黑龙江省的柯尔克孜族群众的生活、生产受到本地的影响,或多或少会产生变化,形成新的文化特征与价值观念。同时,主题的选定又是艺术家的权利,他可以在一定程度上按照自己的理解对主题进行选择,这就决定了主题雕塑作品是同时具有公共性与艺术家个人情感的综合体。

随着时代的发展,城市生活呈现出世俗化的特征,人们越来越多地关注生活品质。在这样的语境下主题雕塑同样呈现出贴近生活、贴近市民的通俗化倾向,这就要求艺术家在进行雕塑创作时必须在整体的构思、具体的造型、材质以及色彩等方面综合予以考虑。

主题雕塑的创作同时需要考虑时代性原则。丹纳在《英国文学史》中写到:"影响文学的生产与发展的社会因素有三大方面:种族、环境与时代。其中,'时代'是影响文学的'后天动量',它是一种既定的推动力。时代走向制约着某种文学才能和风格的发挥,这种制约是通过时代精神或特定时代的民族心理而产生作用的"。从他的描述中我们可以得到这样的结论:时代性是任何时尚都必须考虑的重要因素。时代性运用于雕塑创作,主要体现在观念、雕塑处理手法、表现形式等方面。

首先,观念随时代的变化速度已经超越以往任何一个时代,任何时尚只经历了短暂的时间便被人们所抛弃,因而如何抓住时尚的瞬间,变得越来越重要。其次,在人们不断追求超越以往、全新的审美情趣的过程中,艺术家必须充分利用当代科技寻求新的雕塑语言,在这样的语境下,"集合雕塑""回收物雕塑""软雕塑""动态雕塑""感应雕塑""智能雕塑"等等,这些雕塑形式或技术手段的应用,改变了以往雕塑展示形态的单一性,以更生动的形式向公众传达特定的信息(图 5-23);再比如,雕塑作品的制作方式也有了突飞猛进的进步,以往被认为是无法实现的形态、尺度如今都变得易如反掌(图 5-24);甚至一些高精尖技术都运用到雕塑创作中。因此"简单的雕塑定义已经很难适应当今实际存在的复杂情况,传统的雕塑语言被颠覆,只能将雕塑概念中的雕塑手法运用加以延伸,将过去对雕塑的认知定义扩大化,在思想内容方面健康积极,在艺术形式、语言和风格样式方面丰富多彩的城市雕塑作品"。再次,主题雕塑不只是记录特定时代的特定事件,它也是时代精神的映射与延续。

图 5-23　哈尔滨市中央大街的《温度计》　　图 5-24　哈尔滨索非亚广场铁艺雕塑

多数情况下,雕塑作品的主题性与时代性是相互影响、相互呼应的,不同的时代背景下会需要不同的创作主体,而相同的主题在不同的时期会有着不同的表现手法。所不同的是前者强调的是雕塑本身所体现的文化内涵,时代性则更多的体现了所处的时代背景。

(二)融合与统一

随着科技的发展,城市日益成为现代化设施、现代化生活的前沿地带。城市的各项功能也随之改变,人们在享受城市生活带来的便利同时,对于精神生活的需求也日益凸现,作为提升城市审美水平的雕塑作品,同样随之快速的发展。"自摩尔以后,雕塑作品从底座上走下来,区别于纪念性雕塑的神秘和高不可及,直接在地面上矗立,人们在面对雕塑作品时,可以不用像以往那样以仰视的目光去观察,而是可以走到作品跟前,甚至参与其中。雕塑改变了人们对于环境的功能诉求,在观赏与品味的同时,融入了参与性,使公众成为景观的一部分。因此主题雕塑作品的视觉功能已不是早期依赖自身形象与主题孤立的塑造活力阶段,而是与公众、环境融为一体,共同构成城市中的景点。

从景观设计的视角看,雕塑作品从传统的"点缀"功能,逐渐演化为整体环境中不可或缺的重要组成部分,主要表现为从景观设计的最开始阶段就已经对主题雕塑有了一定程度的思考,有些实际项目中,甚至将雕塑作为整体环境的核心,景观设计围绕雕塑展开。从城市尺度讲,与雕塑作品创作中的时代性原则相类似,应当将其放置于更大的背景下思考,这样才能够符合整体的文化背景并与之相融合。与早期雕塑创作的观念不同,这实际上是一个主动的过程(图 5-25)。

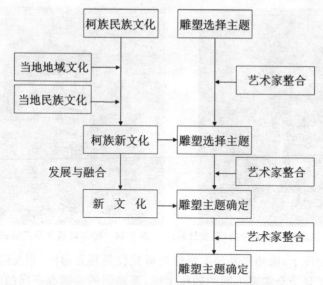

图 5-25　柯尔克孜族主题雕塑创作过程示意图

　　统一性与融合性具有相类似的内涵,统一性更强调对于微观环境的考虑。城市作为一个整体,能够容许不同主题、不同风格的雕塑作品同时存在,这与城市文化的主题发展脉络是不相矛盾的。但是,在这样的大背景下,微观环境中的主题雕塑作品必须考虑与周边环境的统一性,以传达特定的文化特征(图 5-26)。

图 5-26　成都市春熙路的品牌墙

　　融合性与统一性原则实际上是从宏观到微观环境两个层面上提出了强化主题雕塑作为城市文化重要载体的文化传达功能,它使雕塑的创作做到有的放矢,真正服务于城市文化建设。

（三）强调个性

主题雕塑在具备了主题性与时代性之后，在特定时期内将使公众对其所在的特定环境产生联想，直至使作品在精神层面能够与其他作品相互区分，这就使它具备了个性特征。雕塑创作中必须考虑个性的发扬。

个性指的是艺术作品的独特性与内容、形式上的排他性，任何艺术创作都是时代特征、文化特征甚至艺术家自身个性的表达，更多时候作品个性归功于艺术家的个人创作风格，但不能否认这与艺术家所处的时代、文化、社会经济背景是息息相关的。

主题雕塑的个性不仅仅是作品本身的个性，应当包含其所处的环境综合考虑。如铜陵作为我国最早的铜产地之一，悠久的青铜矿开采、冶炼历史为这座城市增添了重重的文化底蕴，自1992年以来，城市每年举办青铜文化节，2004年后改为青铜博览会，包括商业洽谈以及各类文化展示。城市管理者通过这一独具特色的主题，将铜陵市的青铜文化推向全国。在城市形象建设中，创造性地打造了青铜系列雕塑，进而形成了铜陵市的个性。这些主题雕塑包括《铜陵之音》（图5-27）、《起舞》《商周青铜壁》《铜陵颂》等。尽管这些作品有着不同的创作主体，也有着不同的风格趋向，但却有着统一的个性：就地取材，并辅以传统青铜器常用的表现手法，融合当代的雕塑语言，这一切都承载着铜陵市作为铜产地的历史文化，也充分展示了铜陵市作为"中国铜都"的鲜明城市个性。

图5-27 雕塑《铜陵之音》

（四）突出经济性

经济性是指组织、经营活动中为了获取一定数目与品质的产品、服务或其他成果时所消耗的资源最少。

　　经济性原则是任何公共组织、经营行为必须考虑的重要因素,"量力而行"一方面能够在有限的财力保障下较好地完成设计任务,另一方面能够节约社会资源。由于我国正处于快速发展的阶段,在这个阶段,社会、艺术家等群体也在对主题雕塑的发展方向与内涵进行着不断的思考。如 2010 年山西省运城建成了世界上最大的关公像,在社会上引起热烈的争议(图 5-28)。这座雕塑造共用铜料 500 余吨、钢材 2000 余吨、混凝土 1.8 万余吨,总高 61米,寓意关公享年 61 岁;底座高 19 米,寓意关公在家乡生活了 19 年。其建设的社会意义很明确,而从经济性的角度看是不可取的。

图 5-28　山西运城关公塑像

　　英国建筑经济学家 P·A·斯通在其《建筑经济学》一书的序言中开宗明义地指出,"经济的建筑并不一定是最廉价的建筑,而是一种美观的而且在建造费用、运营管理费用、人工费用上都便宜合算的建筑①"。我们可以这样理解雕塑创作:经济的雕塑并不是建设成本的问题,而是要综合考虑如何有效、集中地利用社会资源的问题,只有将经济性、文化、社会以及公众的需求统一起来,才能充分发挥雕塑作品的社会功能。在主题雕塑的创作与建设中,我们必须从以下四个方面进行理解。

　　(1)设计中不能仅仅考虑前期的成本而忽略了使用的长期性,必须强调主题雕塑使用全过程的经济性,即主题雕塑在文化、结构等诸多方面应具有较强的适应性。

　　(2)倡导使用先进的建造技术降低成本。当前在我国的雕塑创作与使用中,存在盲目追随世界最新潮流的做法,而不去考虑这些作品是否与当地

---

　　① 　黑格尔．美学(第三卷上册)．北京:商务印书馆,1979

经济、社会、文化等条件相符合,这种做法会助长社会非理性化的消费观念,在主题雕塑的创作中应当予以避免。

（3）重新理解新时代背景下的"经济""适用"与"美观"。随着主题雕塑投资主体的多元化,社会消费出现了分层的特征,这就决定了对于这三个概念理解的差异化趋势。我们必须建立多重价值标准体系,并以中间阶层为主要对象,以满足大多数市民的精神需求。

（4）实现经济效益、社会效益与环境效益的统一。

（五）考虑地域文化

主题雕塑是城市公共艺术的重要组成部分,是利用艺术的手段、语言记载城市历史、文化、风俗的有效方式。从这层含义来讲,优秀的主题雕塑作品应当是时代特征、文化特征以及地域特征的多维度综合体。纵观世界范围内的知名雕塑作品,不仅是城市活力、历史魅力、民族精神魅力的独特记号,还使城市走向世界。主题雕塑通常利用当地著名的历史传说、历史事件以及人物作为内涵,如哥本哈根美人鱼、布鲁塞尔的撒尿小孩等。

每个城市、每个民族都有着自身独特的文化特征,只有对影响主题雕塑创作的各种文化因素全面的解构、提取和重塑,使城市特定的文化特征通过雕塑语言的形式加以表达,才能彰显城市文化中最具特色、最具活力的内容,真正做到文脉、历史、地域与民俗的协调统一。柯尔克孜族典型的文化特征中,服饰、民俗、建筑等文化独具特色,因此柯尔克孜族主题雕塑的创作必须把握文化性,从更深刻的层面挖掘可利用的主题与素材,使作品的文化支撑既充实又有力,体现本民族的个性与风采（图 5-29）。具体的文化要素提取将在后面章节中具体讨论。

图 5-29　各种民族符号在柯尔克孜族主题雕塑上的应用

三、文化符号的选取

雕塑的艺术语言,准确来说实际上是"雕塑的表现主题、方法与形式等多方面的内容"。

科技的发展、国家与地区经济实力的提升以及审美多元化的趋势等因素,为艺术家带来了全新的挑战与机遇,使雕塑创作呈现出如下明显的特征:由审美主体多元化带来的审美多元化;由科技发展所导致的创作手法与表现形式多元化、边缘化;新技术发展带来的新材料、新工艺以及特殊的作品形态多样化;主题雕塑的参与性日益增强等方面的特征,这都在一定程度上决定了主题雕塑的创作必须利用当代先进、时尚的雕塑语言,只有这样才能迎合当代公众的审美取向,使作品具备持久的生命力。

雕塑的艺术语言总体来说,可以分为形体语言、空间环境、材质与色彩、尺度的四方面的内容。

(一)造型与形态

雕塑创作中有三种基本的表现形式,分别为圆雕、浮雕以及透雕。这种形式尽管说明的是自身的存在形态,但却与环境有着不可分割的关系,两者相互衬托,共同存在,因此能够形成更加层次丰富、感染力更强的主题雕塑作品与环境艺术,增强公众的审美认知感。

圆雕:是日常最常见的雕塑形式,在空间上不对作品的形态加以处理,直观的表达其原始形态(图5-30)。圆雕应用广泛,可以从不同角度加以欣赏。作为重要的雕塑造型方式之一,圆雕的应用范围广泛,也是公众最易接受、最易理解的雕塑形式之一。浮雕:利用绘画的形式,并将雕塑与绘画相结合,利用压缩立体对象以及三维空间并利用二维空间的形式加以表现的手法,完美结合了雕塑、绘画的特征(图5-31)。通常又分为有背板与无背板浮雕两类。前者通常以墙面等面空间为载体,在建筑中较常用;后者叫做透雕,由于没有背板衬托,故也可以被认为是三维雕塑作品,但它具有特殊性:从正面看为正确的表现内容,而背面则呈现出完全相反的"负空间",两者在观赏角度的变化中不断相互转换,产生特殊的美感。此外,由于没有背板的衬托,无背板浮雕需要考虑与背景环境的相互协调。浮雕、透雕的缺点是观赏角度较小。

图 5-30 某小区中心广场雕塑

图 5-31 故宫临摹龙头吊顶

柯尔克孜族的主题雕塑,在形体创作中必须考虑作品的整体结构关系,只有比例合理、形象完整的雕塑作品才能产生美感,并易于本民族和公众阅读与理解(图 5-32)。英国著名的雕塑家亨利·摩尔在他的创作中,通常利用"母与子"或"倾斜的人体"这样的形体,还利用形体语言创造具有韵律、节奏的雕塑作品。

图 5-32 雕塑人物及马车造型

此外,柯尔克孜族雕塑作品的形体语言还需要特定的创作意图相互配合。如雕塑中的人物,通常使用写实的语言,而为了取得一些特殊的效果、表达方式,创作者也通常需要采用突破常规做法的规则。图拉真广场北侧的"古罗马图拉真纪功柱"高 42 米,柱身由 17 段大理石砌筑而成,上边是图拉真皇帝的铜质雕像,后改为圣彼得像。尺度如此巨大的雕塑作品却被设置在 19 米×25 米的院子内部,而正是这种极端不符合比例的组合,却产生了惊人的感染力,通过对比形成的压抑感,凸显了对于皇帝形象的"神化"(图 5-33)。

图 5-33　古罗马图拉真纪功柱

(二)材质与色彩

1. 材质

席勒曾说"在一件艺术作品中,材料必须消融于形式,躯体必须消融于意象,现实必须消融于现象显现"。

从材质的原始属性看,本身就具备特定的美感,这种美感主要来自于自然,如能融入艺术化的加工,则材质的美感就能更加突出鲜明的个性。主题雕塑是一种实体的艺术形式,构成实体的材料是多种多样的,主题雕塑也正是通过这些实体所具备的视觉特征间接传达作品的内涵。柯尔克孜族主题雕塑的实体材质本身就是雕塑作品需要呈现的重要内容,在这类民族雕塑的创作中,必须了解各种材质所代表的情感特征,针对不同主题加以应用,使雕塑在触觉、视觉等感官层面与内容、思想等民族文化层面相互呼应,提升作品审美价值。

目前较为流行的雕塑材质主要为以下几类:青铜、黄铜、不锈钢等金属材质;沙、土、花草等自然属性的材质;高分子材料、混凝土等人造材质,这些材质有着不同的应用领域与表现主题,只有充分了解各种材质所蕴含的文化特质,才能够灵活的加以应用并达到预期效果。路虎汽车集团成立50周年时,雕塑家 Gerry Judah 为其创作了大型的路虎汽车雕塑,雕塑高34米,材质为全钢,充分体现了科技美和力量美的融合(图 5-34)。前文所说的铜陵市以青铜为雕塑的主要材质,亦取得了良好的效果。佛山以陶瓷文化为卖点,在城市中运用陶瓷材质进行雕塑的创作,展现了佛山鲜明的陶瓷文化,提升了城市的文化品位。

图 5-34　路虎汽车雕塑

富裕县作为黑龙江的县城,缺乏典型的文化支撑,能够支撑雕塑或其他景观要素使用特定材质,故雕塑的设计中可以考虑结合雕塑自身特色选择材质。

2. 色彩

城市色彩是城市环境的重要内容,而主题雕塑作为城市环境的重要组成部分,它的色彩不仅仅需要与城市相互协调,更应通过雕塑色彩的设计,使之成为城市的"点睛之笔",活跃城市氛围。

通常来讲,主题雕塑的材质决定了色彩,但并不是完全对应。有时候艺术家需要按照需要,将材质的色彩进行再加工。柯尔克孜族主体雕塑色彩的选择通常需要考虑以下因素。

第一,富裕县城区总体色彩取向,每个城镇都有其独具特色的色彩取向,雕塑作品应与其相配合,形成完整的色彩体系。"这就要求艺术家的主观审美要与城市的现实情况相结合,城市雕塑与整体环境色彩两者之间的对立统一关系,在对立中求统一,在统一中追求个性"。作为寒地城市的典型代表,应偏重采用暖色系的材质,如青铜、暖色调的石材等。

第二,柯尔克孜族人和公众的喜好,柯尔克孜族主题雕塑作品的主要使用者、参观者是公众,是体现富裕县与其他城镇差异的体现,故他们的色彩喜好应当充分的加以重视,使作品更容易被接受。

第三,作品传达民族文化内涵的需要,表达的文化不同,所需要的色彩也不同。如高明度的色彩更加欢快,低明度的色彩更加稳重。作为体现东迁艰难历程题材的雕塑,应更加稳重。

第四,个性的张扬。可以说主题雕塑是城镇中受到城市规划限制最少的城市景观要素,这就给了艺术家充足的发挥空间,强调柯尔克孜族主题雕塑的造型个性将有利于依托作品形成富裕县重要的人文景观节点。

总之,材质与色彩是雕塑作品本身的物理属性,两者相辅相成,共同从侧面反映着作品需要传达的文化特征。

(三)空间与尺度

尺度作为设计中的重要概念,指的是各个部分、细节或与其他参照物对比而得到的美感和比例关系,在雕塑创作中主要体现的是作品与人、作品与环境相互关系的体现,是使作品符合特定环境的重要标尺。恰当的尺度能够保证雕塑作品艺术效果的充分展示。

首先,主题雕塑的类型与在环境中所占的地位,通常就决定了主题雕塑的尺度。通常纪念性的雕塑或重大主题的雕塑作品,需要进行大尺度的设计,使之成为环境中的主体,起到渲染环境氛围的作用,如哈尔滨的防洪纪念塔雕塑。这类作品通常都缺乏人情味,通常使人受到它特有的"场"的震慑。相反,尺度较小的雕塑作品无法形成具有震慑力的气势,但具有更浓厚的生活气息,能够与公众形成对话,具有很强的亲切感。这类雕塑作品通常是环境中的一部分,力图通过通俗的雕塑语言展现具有生活味的作品。

其次,主题雕塑作为城市雕塑中的重要组成部分,其作用为展示特定的主题或文化特质,这就决定了主题雕塑通常以较大的尺度出现,并统领整体环境。这里所说的环境,是决定主题雕塑尺度的第一要素。柯尔克孜族主题雕塑应隶属于大尺度雕塑,应具有较大的尺度以及"场"的作用。

再次,雕塑尺度的确定还要考虑观赏雕塑的距离、最佳角度等,要保证能够观赏到雕塑的垂直、水平方向的整体效果,又能欣赏到作品的细节。如城市级的标志性雕塑通常考虑到从城市外围观看,如上海的《东方之珠》;区域级的标志物通常考虑到特定区域的视觉、情感认知,如大连星海广场的《百年城雕》(图5-35)。

作为展示柯尔克孜族东迁的纪念雕塑,其尺度应符合广场整体尺度,使两者相互配合,一方面强调雕塑作为主要景点的核心作用,另一方面保证参观者的视线、观看角度良好,最终传达完整的内涵(图5-36)。

图 5-35　大连《百年城雕》

图 5-36　柯尔克孜族主题完成后广场景观

（四）景观与环境

　　首先,空间环境是承载主题雕塑的重要空间。黑格尔在其著作《美学》一书中说:"艺术家不应该把雕刻作品完全雕好,然后再考虑把他放在什么地方,而是在构思时就要联系到一定的外在世界和它的空间形式及地方部位。"这就要求在柯尔克孜族主题雕塑创作中空间环境必须与雕塑创作同时进行,才能保证作品可以完整地传达特定的创作意图与创作思想。

　　从更深刻的层面来讲,主题雕塑不仅仅作为空间环境的组成部分而存在,而是与其有着复杂的相关性,这种相关性最终会导致作品与环境的协调关系,并决定了作品的表现力、感染力。

　　本次设计通过对广场周边现状条件的调研,以及预期形成的整体空间效果的构建,柯尔克孜族主题雕塑需要与空间形成良好的比例关系,以保证两者能够相互协调配合,产生和谐的景观秩序。

其次,主题雕塑不仅产生于空间环境,而且需要空间环境的支持与配合。从哲学层面讲,优秀的主题雕塑作品能够创造丰富的场所意义;从设计层面讲,主题雕塑能够营造符合公众需求的空间环境,能够体现空间环境的文化、景观、精神品质的鲜明个性。公众通过对雕塑及其环境的观赏、阅读,从中准确的理解作品所传达的内涵,领悟空间环境的场所意义,则说明这个作品是成功的。位于上海浦东大道的雕塑作品《东方之光》(图5-37),采用日晷的形象,寓意用时间记录上海浦东的建设里程,与其所处的商务、办公环境相互融合在一起,形成了完整的形象与内涵。

图 5-37 《东方之光》
雕塑作者:(法)夏邦杰

再次,公众的交流与参与是空间环境的又一重要特征。以居住区的雕塑为例,作品需要长期存在,这就要求不仅要具有较高的审美价值,还需要有可参与性与亲切感,这样才不至于在短期内失去魅力。因此,诱导公众参与到雕塑所处的环境中,使之参与其中,会使空间环境的品质发生质的变化——他不再仅仅是参观的对象,而是作为公众娱乐、休憩的重要载体。柯尔克孜族的雕塑设计作为广场主要景观,连同广场需要承载一系列的城市、本族庆典活动以及自发性活动,为了适应这样的活动需求,设计者创作中应从以下几个方面重点考虑。

(1)使雕塑主题与空间环境的主题相互衔接,相互契合。

(2)充分利用现有空间与绿化、建筑景观,形成围合、渗透、开放等不同的空间效果。

(3)注重特定情况下主题雕塑作为节点、空间转换标志的作用。

总之,主题雕塑是作为联系性节点而存在的,特定情况它将成为区域的

"门",提示人们已经到达了区域的尽端,这就需要在对空间与雕塑作品的处理中加以把握,避免产生歧义。

四、创作实践

(一)创作背景分析

1. 文化背景分析

"柯尔克孜族,古称"坚昆",原居叶尼塞河流域。唐代已建立黠戛斯汗国,称雄漠北[①]"。17世纪末举部西迁天山、帕米尔一带。余部一支游牧于厄得勒河流域。后雍正皇帝朱拟赦令,将此部移居齐齐哈尔,雍正十一年(1733年)四月二十八日,柯尔克孜头人博霍依、巴岱率领部落从特斯河出发,披荆斩棘,历尽艰辛,奋然东迁,于当年八月初二抵黑龙江将军衙门所在地齐齐哈尔后主要定居于富裕县五家子和现在的富裕牧场七家子村。

富裕县包括两个民族乡(分别为友谊达斡尔族、满族、柯尔克孜族乡和塔哈满族、达斡尔族乡)以及17个民族村。富裕县的少数民族主要包括柯尔克孜族、锡伯族、壮族、蒙古族、回族、满族、藏族、苗族彝族、布依族、瑶族、朝鲜族、达斡尔族、鄂温克族、鄂伦春族、维吾尔族等。全县少数民族人口总数量达到约20000人,约占全县人口总数的6%。作为本节设计主题的柯尔克孜族,是由新疆迁往黑龙江的一个分支。

黑龙江省的柯尔克孜族同样有本民族自己的语言,但无文字,当代黑龙江柯尔克孜人主要通用汉语文和蒙古语文,只有极少数老年人还会本民族的语言,有的仅知道一些单词和简单的句子。历经了200多年的时代变迁,如今柯尔克孜人民已经扎根并融入了黑龙江的地域文化,但其坚毅勇敢,热爱祖国的精神,始终没有改变。

本次雕塑设计的文化背景将紧紧围绕东迁的艰难历程以及民族自身文化特征两条主线进行。

2. 基地现状分析

"黑龙江省富裕县隶属黑龙江省齐齐哈尔市。位于黑龙江省西部,嫩江中游左岸,富裕县属中温带大陆性季风气候,四季分明,物产资源丰富,农业、矿产品品种繁多"。

---

① 黑格尔.美学(第三卷上册).北京:商务印书馆,1979

　　柯尔克孜族主题雕塑位于柯尔克孜族民俗馆前。周边现状多为民宅，北侧为民俗馆。主题雕塑将与民俗馆一同，展示柯尔克孜族民俗文化特征（图 5-38）。

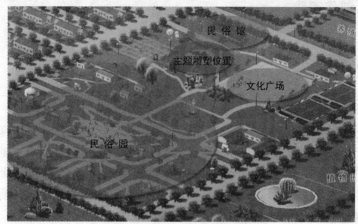

图 5-38　主题雕塑位置示意图

　　主题雕塑周边的空间环境呈现出四个特点：①文化环境相对贫乏，城市雕塑的建成将大大提升区域的文化展示力；②周边文化氛围缺失不成体系，广场文化环境的改善与提升需要长期的过程，需要长期的连续建设与维护，故本雕塑的设计必须考虑长远发展的跳跃性与连续性；③空间环境具有多元性和开放性，需要协调其他环境、景观要素；④视线广阔，建筑轮廓平缓，有利于标志性的形成（图 5-39）。

(a)改造前　　　　　　　　　　　　　(b)改造后

图 5-39　柯尔克孜族民俗馆周边环境

(二)创作过程

1. 创作理念

本次主题雕塑的设计理念是通过再现柯尔克孜民族东迁的艰难场景，

反映民族东迁的艰难历程,表现其坚韧不拔的民族精神。柯尔克孜族东迁纪念碑具有较为浓烈的民族特色。它采用一个典型的柯尔克孜族家庭在东迁路途上艰难行进的场景作为主体,以其作为民族整体性格特征的缩影,充分展示了民族一往无前、坚韧勇敢追求幸福生活的民族精神。

在内容上,与富裕县民俗馆形成呼应;形式上,采用写实的手法,充分利用柯尔克孜民族典型特征与符号;尺度上采用近人尺度,使作品具有一定的亲切感;材质采用玻璃钢,具有较强的沧桑感。

2. 创作原则

第一,充分发掘民族自身特色,在物质文化形态上,创作中重点刻画了民族服饰、马、家庭等要素,展示其民族属性以及所处时代;在精神属性上,应用艰难前行的场景,展示柯尔克孜民族的民族性格。

第二,考虑与周边环境的相互协调。创作中考虑到本雕塑作品需要与历史民俗馆在形式、内容上的呼应与协调,故采用玻璃钢材质,并在尺度上与民俗馆建筑相互呼应。

第三,减少对周边环境的破坏,充分利用现有景观、资源条件。

第四,在设计手法上应考虑对民族历史的尊重并适当夸张,尽量利用简洁的雕塑语言,还原特定场景并展示柯尔克孜民族的文化特征。

第五,在表现形式、材质方面,充分融合现代技术与传统形态,使作品既能够反映历史文化特征又具有鲜明的时尚感。

3. 符号提取

(1)服饰符号提取

服饰。男女的服饰有所不同,男子上身多白色绣花边圆领衬衫,外套为羊皮或黑、蓝色棉布无领长"袷袢",袖口黑布沿边。腰间有皮带,带上佩戴小刀、打火石等日常生活物品。竖领、对襟短上衣也较为常见。下身穿宽脚裤,高筒靴。女装为对襟上衣,宽大无领,长度通常不过膝,长裙下端镶皮毛。青年女子穿红色连衣裙,戴红色丝绒圆顶小帽或顶系珠子、缨穗、羽毛的大红色水獭皮帽,多系红、绿色头巾;老年妇女多系白色头巾。女子穿着的高筒皮靴多绣花纹。

帽子。戴"卡尔帕克"是辨别该民族的重要特征。柯尔克孜族男女一年四季均佩戴圆顶小帽"托甫"(图 5-40,图 5-41)。冬季男子戴羊羔皮或狐狸皮做的卷沿圆形帽子"台别太依",女子则佩戴水獭皮或白羊皮制作的皮帽"昆都孜"。夏季男子多戴下沿镶一道黑布或黑线,向上翻卷的"卡尔帕克",其形制主要有左右开口或不开口,圆顶或四方顶及帽顶有无珠、穗等饰物之差别。

图 5-40　柯尔克孜族男性典型服饰

图 5-41　柯尔克孜族主题雕塑老者服饰特写

（2）音乐符号提取

柯尔克孜人能歌善舞，"三统琴""库姆孜"是他们特有的弹拨乐琴。库姆孜从它产生起，就成为柯尔克孜族人喜爱的乐器，也深深影响着柯尔克孜族人民的生活。甚至成为生活中必备的用品，时刻不离。雕塑中对乐器元素予以采用，在细节上更进一步展示了民族特征。

（3）建筑符号提取

根据前文提到的建筑典型特征，在民俗馆内部建造了景观小品（图 5-42）与博物馆整体文化相呼应。雕塑创作中对于建筑的体现较少，但马车的敞篷局部细节参考了民族建筑的特征，主要表现在栅格、顶棚的构件的形式与材质。

（4）民俗与活动符号提取

柯尔克孜族主题雕塑的创作紧紧围绕"东迁"这个背景，对民族迁徙中可能出现的情感及其行为进行分析。通过对其民俗、活动中所采用的符号予以体现。

首先，在器具方面，民族迁徙必然将日常生活物品一同携带。包括衣物、餐具、乐器等。

图 5-42　富裕县民俗馆周边根据柯尔克孜族毡房形态建造的景观小品

其次,与民族风俗习惯息息相关的物品也必然尽可能的随之迁徙,如马车作为重要的交通工具,猎狗作为生活、狩猎的重要工具,猎鹰作为狩猎的又一重要工具,乐器等,可以完整的体现出柯尔克孜族生活习俗(图 5-43,图 5-44,图 5-45)。

图 5-43　柯尔克孜族狩猎生活典型场景

a)　　　　　　　　　　　　　　b)

图 5-44　柯尔克孜族马车典型构件原型

(a)   (b)

图 5-45 雕塑中马车局部处理方法

再次,对于民族精神的提取,通过其行为语言表达坚韧不拔、顽强的性格。

4. 方案创作

(1)地域文化整合

城市主题雕塑的创作必须强化当地的地域特色,通过雕塑的主体内容、造型特征、材质等因素综合考虑,并以此形成特定的城市文化个性。如象征美国独立与自由的纽约《自由女神像》,几乎成为旅美人士心目中的形象缩影;新加坡的著名雕塑《狮头鱼尾像》则代表了新加坡的典型文化特征。尽管看似简单,但这些具有代表国家层次的雕塑作品,从特定的视角传达着国家的文化特征。

富裕县博物馆广场上的柯尔克孜族主题雕塑的文化意蕴显然更为重要,在特定的场景中,有效地向游客、当地居民传达明确的地域文化与风俗习惯,这也作为本次主题雕塑创作依据之一加以强化与表达。柯尔克孜族主题雕塑设计中主要从以下几个方面体现民族、地域文化。

1)从雕塑人物、物品的造型中传达柯尔克孜族本族的传统文化特征。

2)利用各类符号、要素,通过组合体现民族传统文化特征。

3)利用材质、雕塑整体尺度、比例关系体现北方寒地的文化特色。

(2)人物造型分析

柯尔克孜族设计的人物造型确定经历了多次的调整,随着方案的不断调整,设计思路逐渐明晰并最终确定了较为满意的样品。

其中,共有三个较为典型的方案稿:

方案一稿在确定了整体思路的基础上,一稿采用一个家庭步行东迁的场景(图 5-46),此方案存在以下问题:第一是缺乏动感,不能充分展示民族东迁的激情;第二,缺乏对于东迁艰难行程的描述,无法使公众在感情上产生共鸣；第三，缺乏压制性的气势，无法使参观者对东迁行为产生肃然起敬的敬佩感；第四，在细节上缺乏更多展示柯尔克孜民族特征的要素等。

图 5-46　方案设计一稿

　　通过上述分析与总结，创作了第二稿方案（图 5-47），这一稿融入马车这一要素，整体场景仍然采用一个家庭东迁作为主线，马车的使用更加强化了柯尔克孜民族的马文化，同时对人物造型进一步完善与修改，方案基本成型。但仍然存在问题：最为主要的就是整体场景的表现力较弱，没有充分展示东迁历程的艰辛，故再次进行调整并产生了第三稿（图 5-48）。通过对人物造型、马车造型以及背景的修改，充分的表达了东迁过程中的种种艰辛，对于民族文化特征也有了较为完整的体现，故确定为最终方案。

图 5-47　方案设计二稿

图 5-48　方案设计三稿

（3）空间视觉效果

在博物馆前广场这类特殊环境氛围中,主题雕塑的作品主题设计、位置摆放要结合广场的空间环境来综合考虑,提升整体环境的人文艺术性,形成良好的视觉体验。博物馆广场周边交通以"外围行车、区内行人"为设计原则。根据广场的实际情况,考虑到车行交通与整体布局的关系,将主题雕塑摆放于广场一侧,不仅具有明确的指向性,同时也可以把主题雕塑的形象生动化、具体化,使雕塑成为整个广场的视觉中心。

（4）动态效果表达

在体现本民族文化的大前提下,还需要对当时场景进行还原,力争通过雕塑作品再现东迁的艰难历程。雕塑在设计中着重从以下几方面进行氛围的渲染。

人物、动物动态。从新疆到黑龙江,可以说是一个气候逐渐恶劣的过程。东北的气候特征是低温、大风。在冬季,人们不得不使用更多的时间躲在室内避寒。在这样的气候条件下,东迁过程无疑变得异常艰辛。

在这样的背景环境下,需要考虑雕塑中的人物造型、动作甚至表情,应该表达一致的特征。在造型上,人物、马、猎鹰都有着较为明显的前倾角度,明确地说明了东迁时恶劣的气候条件。猎狗作为活跃因素,与人物、马的形态形成鲜明对比,活跃整个画面(图 5-49)。

图 5-49　方案铅笔手稿

从人物表情以及马的表情上看,人物表情严肃,眼神充满坚毅,一方面表现气候的恶劣;另一方面表现出人物坚韧不拔的性格,进而拓展至整个民族(图 5-50)。

图 5-50　雕塑人物表情特写

　　面对低温与大风,马同样表现出顽强的斗志,与人物一起渲染了整个场景的氛围(图 5-51,图 5-52,图 5-53,图 5-54)。

图 5-51　猎鹰的视觉动态分析

图 5-52　马的视觉动态分析

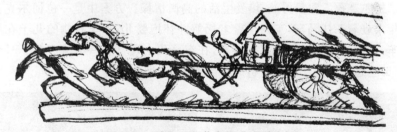

图 5-53　雕塑重要节点视觉感受分析

图 5-54　最终方案铅笔稿

(5)典型符号应用

通过上述分析,将各类符号应用于雕塑各个细节中,主要符号汇总见表5-1。符号的应用主要表达民族文化特征,增强雕塑的真实性。

表5-1   雕塑中使用的符号一览表

要素类型	要素名称	应用部位	表达主题
服饰类	帽子	人物	
	衣物		
	皮带		
动物类	猎鹰	位于马车顶部	强调民族文化特征 强调民族东迁的场景
	猎狗	位于马车一侧	
	马车	核心位置	
用具类	乐器	悬挂于马车上	
	油灯		
其他类	草地地面	雕塑基座	强调东迁的艰难

5. 方案确定

经过一系列的修改,最终确定方案。经过泥稿、模具、加工等一系列过程,形成了如今位于博物馆广场的柯尔克孜族东迁纪念主题雕塑作品,充分表现了柯尔克孜人坚毅勇敢、热爱生活的高尚情操。方案中是一位柯尔克孜族老年人赶着一挂马车,车内坐着老奶奶并怀抱婴儿,马车右侧的儿子在用力拉车,左后侧的儿媳妇在用力推车,在车蓬顶上还落着一只雄鹰(图5-55,图5-56)。这也正是前面所分析的各类要素、造型的综合。

图5-55 雕塑完成效果一   图5-56 雕塑完成效果二

纪念碑高2.007米,寓意为柯尔克孜族东迁纪念碑立碑时间为2007

年;第一层碑座高为 17.33 厘米,寓意为柯族于 1733 年东迁;第二层碑座直径为 14.73 米,寓意为黑龙江省柯尔克孜族当时现有人数为 1473 人,阶梯宽度为 27.6 厘米,寓意为柯尔克孜族东迁到达时的人口为 276 人。

(三)创作结果反思

当代主题雕塑最重要的问题是如何在与公众交流的基础上,寻找到一条有效切入当代文化的通道。城市主题雕塑是景观环境中重要的艺术载体,它以优越而独特的方式成为公共艺术中最能够展现时代风貌,反映文化底蕴,揭示民众情感的形式之一,应该充分予以重视。本次柯尔克孜族主题雕塑的创作,历时接近一年,可以说整体上是成功的,但通过整理整个的创作过程中的心得以及作品完成后的反馈,仍有很多值得思考之处。

1. 注重主题雕塑作品与特定地域文化的呼应

主题雕塑在创作过程中,首先必须强调审美特征,这是最为表面与直观的要求,针对广泛的大众,在更为深刻的层次上,应体现特定文化特质。在柯尔克孜族主题雕塑创作中,公众更多的希望建立起属于柯尔克孜族自己的艺术文化,并轻易地被公众解读。因此,在柯尔克孜族主题雕塑的创作中,创作者始终围绕地域、民俗文化来创作,力争使作品更具说服力,引起更多的共鸣。在寻求文化支撑的过程中,创作者不仅仅作为雕塑的创作者,还必须把自己定位于地域文化的研究者,才能真正深入当地,深刻了解当地文化,并使作品—文化—公众以一种隐性的线索相联系,创造出好的作品。

从本次主题雕塑创作的题材上来说,雕塑抓住少数民族的魅力,体现柯尔克孜族的文化渊源和文化底蕴,更增添了作品的人文艺术气息。柯尔克孜人从新疆远迁至黑龙江,落地生根,它是文化更迭的历史变迁,民俗博物馆是各个民族文化联系的纽带,如何让民俗博物馆地区形象地展现柯尔克孜族东迁的历史场景,又不落俗套被广泛大众所认同,就要求创作者必须从民族文化的视角出发,树立起以民族为主题特色的雕塑创作思路。

2. 以再现场景为目的的主观创造

主题雕塑的创作,永远都不会因为缺乏创新性的思维而停滞,正是这种思维,通过主题雕塑的形式加以表达,就是我们所提的主观创造。主观创造并不是说任由个人主观思想的随意表达,尤其在主题雕塑的创作过程中,遇有强调了特定的主题思想,因而主观创造的尺度就不能超越适合所处环境的文化、审美背景要求。从这层意义上讲,所谓的主观创造,其实是在特定的环境、文化、风俗习惯等条件下,谨慎对待公众、对待作品的态度,体现其公共审美的价值(图 5-57)。

图 5-57   泥稿阶段工作现场

柯尔克孜族广场主题雕塑的创作中,作者重点对材质、色彩搭配等方面加以重点考虑,以充分迎合当地地域文化、当地民俗习惯的需求,使作品脱离了单纯的装饰品,而是特定范围内公众的精神寄托,具有更深层次的意义。同时,鲜明的个性与时代性是创作中的又一限制条件,否则作品很容易被时代所淘汰。为了使雕塑作品与周边的现状环境(主要是民俗馆与广场)相协调,选择了厚重的青铜材质,并使用大理石基座,两者的结合既体现了时代特征,又通过青铜材质的使用强化了沧桑感,实践证明,作品的材质使用取得了较好的整体效果。

综上所述,主题雕塑在再现特定场景的同时,融入符合特定环境的主观创造,能够使作品更具个性并取得较好的整体景观效果。

3. 关注大众参与意识

主题雕塑是城市公共空间中面向公众的造型艺术形式之一,因此主题雕塑的创作应使更多人能够认同该作品,而不是少数人的认同,因为其直接面向的受众也是占社会主体的普通市民,其审美也必然与之相呼应。基于这样的考虑,城市主题雕塑作品的创作必须选择与大众审美相呼应的表现形式与表达内容。从特定的意义上讲,雕塑作品的完成,是由公众、艺术家共同完成的。

此外,作为反映民族文化的主题雕塑,它的建设不仅仅是满足景观的需求,更应能支持特定的活动,与特定的价值观形成共鸣(图 5-58)。

台湾文化大学市政暨环境规划学系系主任陈明竺先生在参加《第六届建筑与规划研究生年会》中指出:"公共艺术的号召者,例如那些主观创作意识较强的艺术家,偶尔他们的艺术作品所反映的主题会相对尖锐,故而需要有一个公众参与的过程;而作为城市策划者则更多的希望利用具有美好形象的工程为城市带来良好的装饰效果,这同样也需要相关学科的学者共同评判特定项目是否可以取得的社会效果"。

图 5-58　柯尔克孜族民族庆典期间的主题雕塑被系满红绳

柯尔克孜族广场主题雕塑于 2007 年完工后,已经经历了三年的时间。通过社会反馈的信息看,本次设计总体是成功的。总结经验,主要是对于民族特色文化、场地环境的理解比较深刻与完整,通过总结与归纳,并采用了恰当的表现手法、材质以及合适的尺度。

但是,本次创作也不可避免地留下了一些遗憾,主要表现在对作品细节的刻画缺乏深入的思考。

综上所述,在主题雕塑的创作中,艺术家必须明确自己的角色——作为城市文化、城市历史的传播者,担负着重要的社会责任。只有在这样的创作意识下,创作者才能充分发挥个人的艺术创造力,以独特的个人创作手法完成主题雕塑任务,使作品能够完整、充分地表达特定主题,发挥应有的作用。

第六章　中国民族音乐艺术

　　中国民族音乐是传统艺术的重要组成部分,在长期的发展过程中,民族音乐产生了众多的艺术形式,并具有广泛的体裁类别。民族音乐指的是某一民族共同体所创造或拥有的独特音乐文化,由于我国民族众多,民族音乐艺术的内涵无疑是极为丰富的。本章将对中国传统音乐加以展开,系统论述民族音乐艺术所包含的无穷魅力。

第一节　中国民族音乐的界定及形态特征

一、中国民族音乐的体裁界定

　　中国民族音乐是丰富多彩的,按照其创作及流行的社会层面通常分为民间音乐、文人音乐、宗教音乐和宫廷音乐四大类,具体如下:

表 6-1　中国民族音乐的分类

中国民族音乐	民间音乐	民间歌曲
		民间歌舞
		民间说唱
		民间戏曲
	文人音乐	民间器乐
		器乐音乐
	宗教音乐	唱诵音乐
		诵经调
		圣赞歌
		宗教说唱
		宗教器乐
		宗教乐舞
		外朝乐
	宫廷音乐	内廷乐

（一）民间音乐

民间音乐是指由人民群众集体创作的、主要依靠口头传播而流传在民间的音乐。民间音乐的显著特点是，由于它由民众集体创作，并依靠口头传播，所以在内容和形式两方面都具有变异性。换言之，同样一首音乐作品在不同时间、不同地点或由不同的人表演时会呈现出不同的风格。形成这种变异的原因有很多，通常表现为地区的不同，内容的不同，或者由于不同表演者的审美角度不同等。

（二）文人音乐

文人音乐指的是各民族中具有一定文化修养的知识阶层人士创作或参与创作的传统音乐作品，主要包括器乐和声乐两大类体裁。器乐流行在各民族文人中，以独奏和合奏的形式表现，声乐则包括由各民族文人创作的诗词音乐及读书调等。文人音乐是传统音乐的一个重要组成部分，由历代文人创作出来的音乐作品，风格雅致，意境优美，具有很强的艺术感染力。

图 6-1　文人群体的琴箫合奏

（三）宗教音乐

音乐的产生与发展总是与宗教有着千丝万缕的联系，这是由于服务于宗教启迪而显露的音乐是传播心灵信仰的重要手段，也是宗教产生和发展的重要内容。中国是一个多宗教信仰的国家，除了以道教、儒教、佛教、基督教为主流的宗教信仰以外，还搀杂着少数民族地区的众多宗教。在这些宗教发展的过程中，音乐始终扮演着重要的角色，于是产生了道教音乐、佛教音乐、伊斯兰教音乐等宗教音乐，宗教音乐引领时代的音乐思潮，对音乐风格产生重要影响，同时也表达了音乐家的审美理想。

图 6-2　道教器乐演奏

(四)宫廷音乐

宫廷音乐是指在我国古代各个中央王朝和各个地方政权的宫廷内部或朝廷仪式中所用的音乐。[①] 我国是一个多民族国家,在我国的宫廷音乐中除汉族音乐以外,少数民族音乐也占有重要地位。由于近代以来对宫廷音乐关注较少,如今的人们对这一音乐种类已经比较陌生,这也启示了我们对宫廷音乐要有传承和保护的意识。

二、中国民族音乐的形态特征

(一)音阶调式

中国的传统音乐音阶形态主要有五声音阶和七声音阶,有时也会派生出六声音阶,或者由于七声音阶的混用派生出八声音阶和九声音阶。

五声音阶由宫、商、角、徵、羽五个音构成,音阶当中只包含一个大三度,没有小二度和大七度。这种音阶形态在我国传统音乐当中使用相当广泛,即使在今日仍有一定的应用空间。

七声音阶有很多种形态,如雅乐音阶、燕乐音阶、清乐音阶等。

雅乐音阶也叫正声音阶,由宫、商、角、变徵、徵、羽、变宫组成,特点是由"宫—变徵"形成了一个增四度,这会影响主音的稳定性,例如宋代音乐家姜夔在《杏花天影》中就用了这种音阶调式。燕乐音阶又称清羽音阶,由宫、商、角、清角、徵、羽、清羽组成,特点是由"角—清羽"形成一个减五度,这会影响角音的稳定性,在板胡曲《秦腔牌子曲》当中就运用了这种燕乐音阶。

---

① 杜亚雄. 中国民族音乐. 杭州:西泠印社出版社,2009

另外一种清乐音阶也叫做新音阶,由宫、商、角、清角、徵、羽、变宫组成,特点是由"清角—变宫"形成一个增四度,这类音阶在昆曲当中有较多的运用。

六声音阶是在五声音阶的基础上从七声音阶中借一个音形成的,通常由"徵、角、商、宫、变宫、羽"或"宫、羽、徵、清角、角、商"组成,例如陕西民歌《兰花花》即采用六声音阶。将两种中国七声音阶混合应用,便形成了八声音阶。如姜夔的《惜红衣》即雅乐音阶与清乐音阶的混合使用。将三种七声音阶综合应用,即形成了九声音阶,由"宫、商、角、清角、变徵、徵、羽、清羽、变宫"组成。这种音阶形态多出现于古曲当中,现代很少使用。

中国的五声音阶和七声音阶等音阶形态,与世界其他地区、民族的音阶构成、使用方法存在着明显差异,这是与我们的音乐传统紧密相连的。

(二)节奏节拍

中国传统音乐中的节奏与中国人的心理节奏有关,与不同的社会阶层也有关。例如文人音乐的节奏大多比较从容洒脱,这与他们浸淫于传统文化当中有关;民间音乐的节奏与生活在自然经济条件下的劳动者的生活方式有关。

中国传统音乐的节拍呈多样化局面,主要包括原生性节拍、韵律性节拍、各种数列等分节拍以及各种自由混合式节拍等。

原生性节拍的最大特点是节奏自由、即兴性强,结构潇洒而富有弹性,没有明确的、周期性的节拍重音循环。这种节奏类型多出现于劳动群体当中,既与创作者的身份相吻合,也与他们的文化层次有关。

韵律性节拍多与文学上的诗词念唱相关,所谓的"韵律"一词原指诗词中的"平仄格式"和"押韵规律"。将"韵律"一词移植到音乐的节奏中来,则具有了新的含义,主要表现为节奏的长与短、轻与重的特定组合。这类音乐作品多与中国的语言或文体相结合,并以某种特定的诗词句法关系或散文、念白中的"词逗"关系为依据组织节奏、节拍,则也可以生成特定的韵律性节拍。韵律性节奏音乐的创作群体,多是一些具有文化积淀的文人或音乐家。

其他的一些变节拍、混合节拍指的是乐曲在以某一种节拍为基础的陈述中,出现临时或局部性的节拍变化,如以二拍子为基础的音乐中,临时插入了三拍子的变节拍。混合节拍是指乐曲相对普遍地采用不同节拍的混合性陈述,如二拍子与三拍子的混合。它们可以是非规律性的混合,也可以在混合中形成一定的规律。这一类节拍的使用比较自由,通常在民间音乐中使用较多。

（三）曲式结构

乐曲结构的形式称为曲式。中国传统音乐的曲式结构十分注重统一性，类型有单牌体、联曲体、变奏体、循环体和套曲体等。

单牌体即由一个曲牌①构成的乐曲形式。曲牌由一个乐段构成，是音乐陈述的基本段落。乐段依其分句法的不同，可以分成分句结构与散句结构两种。分句结构的乐段，根据乐句的数量分一句体、二句体、三句体、四句体和五句体。散句结构的乐段，是不能划分乐句或乐句划分极不规则的乐段。除了基本部分之外，一个乐段还可以包括引子、过门和尾声等三个从属部分。

联曲体又叫曲牌联缀曲，它仍以曲牌为基本结构单位，将若干支不同的曲牌联缀成套，构成一支完整的乐曲。联曲体曾是戏曲音乐和说唱音乐的主要结构形式。目前在戏曲、说唱、器乐和歌舞音乐中也有十分广泛的运用。

变奏体是以一个曲牌为基础，以变奏手法发展而构成完整的曲式。变奏体可以分为原板变奏体和板式变奏体两种。原板变奏体即在板式不变的情况下，对一个曲牌用原板加花的手法进行变奏。板式变奏是以一个曲牌为基础，用"抽眼""反调""叫散""添眼加花""花苦变换"等不同的手法加以变奏，并形成一系列的板别，再将不同的板别按一定的规律联缀起来，构成成套唱腔、大型乐曲等。

循环体指的是相同的过渡曲调或牌子多次出现，并以不同的曲牌或由同一曲牌演变成不同变体的曲式结构形式。过渡曲调又叫做"过曲"，由它串联起来的曲牌叫做"主曲"。循环体曲式要与西洋音乐中的回旋曲式相区别，回旋曲式中反复出现的是主要部分，而循环体中反复出现的是次要部分。

套曲体是中国传统音乐中最庞大、最复杂的曲式。它由若干部分组成，每一部分又包括了大量曲牌。套曲体的典型范例是陕西鼓乐中的"坐乐"和维吾尔族的木卡姆。

中国传统音乐的曲调发展手法，是历代艺术家智慧的结晶，表现出先辈们在音乐上的创作才能，认真学习和研究这些传统音乐文化，对于民族音乐

① 曲牌又称"牌子"，是中国传统音乐中的一个概念。"曲牌"原为说唱音乐、戏曲音乐和器乐音乐中可以独立运用的一个曲式单位，而这些体裁的曲牌又多源于民歌或歌舞中的一个段落，故由单乐段构成的一首民歌或歌舞曲中一个独立完整的段落亦可称为一个曲牌。

的发展具有重要的指导意义。

(四)音色表现

1. 丰富独特的音色

中国传统音乐的音色不仅丰富、迷人,而且由于民族众多、地区广阔、相对封闭,因而保留了大量区别于它地域他族的独特音乐、音色,这使中国成为世界上民族音乐音色矿藏最丰富的国家之一。

民族音乐对音色的运用往往具有鲜明的形象性。譬如,京剧"台台台"几声小锣敲过,就很自然使人联想上场者或是步履轻巧的少女,或是举止文雅的书生、文人;而伴着大锣、大鼓声上场的角色,则多是披盔戴甲、气宇轩昂的将军或前呼后拥的朝廷重臣等形象。几番武打锣鼓可以把战争舞台的气氛渲染得热火朝天,而几声更鼓或一声阴锣又可能很快地营造出夜深人静的气氛。

民族乐器种类繁多,"八音"之内可以演奏出各种各样的音色,将独特与丰富两者紧密融合在了一起。即使是利用一种乐器,也常常有多种音色变化,更何况中国自古以来就很注重各种乐器的搭配使用,因而出现了琴箫合奏、琴瑟和鸣等经典音乐形式。

2. 音色的线性润饰

民族音乐比较注重横向旋律线条的处理,对于旋律的音色表情及音色的变换处理要求十分讲究。在欣赏单旋律音乐流逝的整个过程中,习惯于细细品味每一演奏、演唱细节所带来的音色变化,这与西方音乐多声部演奏和供听众从多方位多角度欣赏是有很大不同的。中国的传统音乐在线性发展中"精雕细刻",形成了独特的音色润饰特征。中国民族音乐在线性音乐的线性旋律发展以及线性旋律的线性色彩变换等方面,在世界音乐中独树一帜。

以古琴为例,经过几千年的积淀,其演奏技术及音色变换之多样、表情之细腻已非同一般。古琴音乐是单声部、线性的,多数曲目却又结构比较庞大。然而通过这种"线性音乐"借助"线性音色"的变换,古琴可以奏出非常迷人的强音、弱音、实音、虚音、深沉的音、清亮的音,并通过吟、揉、绰、注、滚、拂等不同的技术处理,又能在"原色"基础上,调配出更加多样而又细腻的"混合色""中间色"和"过渡性"音色。古琴既能表现古代女性的委婉哀怨,又可直发英雄壮士的豪迈悲歌;既可面对高山流水抒豪侠大志,也可描绘出几点自然水光云影来寄托文人雅趣。在聆听过古琴音乐以后,让人流连忘返,陶醉其中。

中国传统音色在线性音乐中的微观组织结构作用,使一碗"清水面"变得"百味俱全",魅力无穷。可以说,中国人这种线性旋律与线性音色结合的实践,把线性音乐的表现与发展推向了最高境界。

(五)发展手法

1. 在重复中发展

不论是中国音乐还是西方音乐,经常会有重复的现象,实质这也是音乐发展的一种手法。在中国传统音乐中,经常会出现"句句双"的结构特色,例如河北吹歌《小放驴》当中,就以这种方法相呼应。

此外,还有一些乐曲运用段落重复的叠奏进行局部的变化重复。例如琴歌《阳关三叠》就以一个曲调的重复而形成"三叠"的效果。除了段落式的叠奏,这种用法也可以出现在细节部位。

2. 在变奏中发展

变奏手法在中国传统音乐中占有重要地位,其形式有很多种,如即兴变奏、体裁变奏、地方风格变奏等。

即兴演奏是中国民间音乐的灵魂,很多经典乐曲就是在演奏者即兴发挥的过程中逐渐发展而来的。例如笛子演奏家,在对同一小曲的演奏中可能会加入自己的处理,从而形成不同的风格。

所谓的体裁变奏就是根据实际需要,将原有的民歌或曲牌进行变奏发展,这在一些戏曲和歌舞中较为常见。

地方风格变奏主要表现在一些知名的器乐作品多是由民间小调和曲牌发展而来,在演奏这一作品时,仍然可以感受到原来素材的影子。例如广东音乐《雨打芭蕉》就是以原始形态的《老六板》《老八板》变奏发展而成的。

3. 展衍式发展

展衍式发展指的是音乐发展过程中,在相类似音调基础上的自由展衍、在相似节奏音型中的旋律更新以及解体式展衍。

展衍式发展通常在音乐形象和结构上表现得更加随意。例如在华彦钧的二胡曲《二泉映月》当中,每一次 AB 段落在交替发展的同时,都有对原始材料的自由填充或缩减,这种对原始音乐材料的填充和引申即为展衍。虽然前后有类似之处,但总是有旋律的更新。另外,还有一种对原有主体音乐的肢解或扩充,这一特征在传统词牌音乐中有很多体现,例如宋词词牌中有

"浣溪沙""木兰花"等,随着发展,又逐渐形成了"摊破浣溪沙""减字木兰花"等。

"木兰花"词牌格律如下:

仄仄中平平仄仄,平仄仄平平仄仄。
平平中仄仄平平,仄仄中平中仄仄。
仄仄仄平平仄仄,平仄仄平平仄仄。
平平仄仄仄平平,平仄仄平平仄仄。

"减字木兰花"词牌格律如下:

中平中仄,中仄中平平仄仄。
中仄平平,中仄平平中仄平。
中平中仄,中仄中平平仄仄。
中仄平平,中仄平平中仄平。

4.承递式发展

承递式发展的特点表现在,音乐某一陈述环节的"终点音",同时又是新音乐环节的"起点音",这个"终点"或"起点"音可以是一个音,也可以是几个音,它们使音乐获得承前递后的发展关系。其形式可以是严格的,也可以比较自由。

严格的乘递式发展例如民间有所谓的"连环扣"或"扯不断"的曲式,它们多通过严格地重复一两个音或几个音来更换音乐材料。自由式承递发展不要求音符的完全标准,只要前面的收尾材料与后面的起始材料大体相同即可,例如琵琶曲《十面埋伏》中的"鸡鸣山小战"片段就属于自由承递发展。

第二节 民歌艺术

一、民歌艺术的发展

关于民歌的起源历来众说纷纭,最早的民歌类似于一种"劳动号子",反映劳动者的思想感情,直接为劳动生产服务。《吕氏春秋·淫辞》中记载:"今举大木者,前呼舆谔,后亦应之。此其于举大木善矣"。《吕氏春秋·古乐篇》又有:"昔,葛天氏之乐,三人操牛尾,投足以歌八阕。一曰《载民》,二曰《玄鸟》,三曰《遂草木》,四曰《奋五谷》,五曰《敬天常》,六曰《达帝功》,七曰《依地德》,八曰《总禽兽之极》。"这里讲的都是人们在劳动的同时,配合劳动的需要演唱的原始民间歌曲,其创作动机一般有两点:一为提高劳动效率,"举大木善矣"就是演唱后的效果;二为满足劳动者内心的需要,具有一定的娱乐性。

音乐艺术的发展是随着社会制度的变革同步进行的,从原始社会到奴隶社会,歌唱音乐的最初萌芽已经逐渐形成了声乐演唱艺术,从创作到表演都比较专业化。周朝统治者为了满足自身需求,设立了专门的音乐机构,并经过选拔培养各种音乐人才,后世称其为乐工,统治者在一些仪式或庆典上总要举行一系列的音乐活动,歌唱艺术便成为贵族统治者宠爱的节目。贵族统治者不满足宫廷中已有的曲调内容,便派人去各地民间收集整理民歌。除了零散的民歌,还出现了我国的第一部诗歌总集《诗经》。它收录作品有自周初至春秋中叶的近305篇,其中有300篇是流传于民间的可唱的歌曲,《国风》当中则收录了我国北方100多首民间歌曲,《诗经》被喻为我国民族声乐的源泉。

到了汉代,我国音乐文化的发展极其繁荣,这个时期内民族声乐艺术也有了较大的进步和发展。《汉书礼乐志》记载:"汉武帝市乐府,采诗夜诵,有赵代秦楚之讴,以李延年为协律都尉,多举司马相如等数十人造诗赋,略论律吕,以合八音之调,作十九京之歌。"乐府是集收集、整理、改编及创作于一体的机构,同时也是中国历史上第一个规模庞大的歌舞团体。其中出现了许多经典的汉乐府作品,如《长歌行》《陌上桑》等,这些作品在中国音乐史和文学史上都占有重要地位。乐府的设置对民族声乐的发展具有极大的促进作用。

汉魏六朝的乐府民歌和《相和歌》,是包括在北方各地流传的原始民歌和在其基础上加工改编的艺术歌曲,具有典型的民族风格。两晋到南北朝时期,比较著名的民歌形式为荆楚一带的《西曲》和江浙一带的《吴歌》。前者风格豪爽奔放,后者风格则委婉细腻。

唐代的民歌被广泛流传和应用,"曲子"是人们最喜欢的曲调,而且进行了更多的加工和改编,填入多种唱词。宋代民间曲子更加深入人心,为多种民间艺术形式奠定了基础。明、清时期,大量人口流入城市,市民阶层壮大,农村新的民歌也随之大量流入城市。这些民歌被市民、艺人利用和加工,逐渐有了民歌、小曲的刊本出现。

近代以来,中国音乐进入了一个新的发展时期。最初由一批资产阶级的知识分子在民歌及民间素材的基础上进行歌曲创作,有一些作品虽然是纯艺术性的,但依然成为了声乐艺术领域的经典,如《大江东去》《教我如何不想他》等。这一时期所涌现的声乐作品,时代性很强,许多作品都运用了西方的作曲方法和音乐元素,为新中国成立以后民族歌曲的繁荣发展奠定了基础。

新中国成立以来,我国民歌艺术的发展进入了欣欣向荣的社会主义时期。"百花齐放、百家争鸣""古为今用、洋为中用""推陈出新"等文艺方针政策,极大地激发了广大文艺工作者的创作和表演的热情。他们深入体验生活,深入到民间和基层,赞美新生活的到来,创作出许多经典的声乐作品,至今仍被广泛传唱,如刘炽的《我的祖国》、汪云才和郭颂的《乌苏里船歌》、雷振邦的《花儿为什么这样红》《蝴蝶泉边》、通福编曲的《敖包相会》等。随着民族声乐的发展,全国也涌现出一大批为广大人民喜爱的歌唱家。像郭兰英、才旦卓玛、胡松华为代表的歌唱家,演唱具有自己鲜明的个性,作品具有浓厚的传统民族声乐色彩。

二、民歌的艺术特征

(一)源于生活,贴近群众

民间歌曲来源于民间,是劳动人民用来抒发内心情感的,不论是创作者还是传唱者都是劳动人民。人民用歌曲传授知识、表达爱情、诉说哀愁、祈求幸福,同时也以民歌抒发感情,美化生活,记录自己的生活和历史,与人民群众的生活息息相关。因而,民歌的形成是自然状态下的,直接来源于人民生活当中。

(二)种类繁多,抒情性强

我国的民间歌曲在历史发展的过程中有众多种类,除了在汉族人民当中形成的号子、小调、山歌等形式,在少数民族地区也有十分丰富的内容。如蒙古族民歌开阔剽悍,维吾尔族民歌细腻婉转,藏族民歌热情朴实等,这都是我国民间歌曲大家庭中的成员。各族民歌的抒情性都很强,因为它们产生于民间,是人民用以表达内心喜怒哀乐的一种途径,在民歌创作过程中,创作者也采用将情感抒发寄托于旋律当中的音乐表现手法,使得民歌的演唱自然朴实,却又情深意长。

(三)结构简单,易于传唱

民歌的创作者多为劳动人民,不排除其中有一些文化程度较高的民间艺人或知识分子,但总体来说,劳动人民并不具备较高的音乐理论知识和作曲技巧,所以他们创作出来的歌曲通常形式简单,短小精悍,歌词通俗易懂,曲式结构也不复杂,这也是民间歌曲的一个特点。然而,正是基于民歌这种简明朴素的形式,劳动人民易于掌握演唱的方法,使得民歌能够长期传唱,流传至今。民间歌曲的音乐语言和艺术手法简明洗练,运用经济的材料创造出准确而生动的音乐形象,具有鲜明的民族特征和地方色彩,让人们感受到一种纯朴的自然之美。

三、民歌的体裁划分

(一)汉族民歌

1. 号子

号子又叫"劳动号子",顾名思义,都是产生并应用于劳动,具有协调与指挥劳动的实际功用的民间歌曲。

唱号子,在北方通常叫做"吆号子",在南方则称为"喊号子"、"打号子"、"叫号子"、"吼号子"等。最早期的劳动号子只是劳动者在劳动中的呼号,并没有过多的音乐审美功能,为的是释放身体负重的压力,统一步伐,调节呼吸,提高工作效率。到后来劳动人民将它逐渐美化,发展为歌曲的形式。尤其是在集体性的劳动中,统一动作、振奋情绪,直接关联着劳动的安全和效率。

劳动号子运用最为直接、朴实的方法表现出坚定、豪迈、粗犷的音乐性格,演唱节奏基本与劳动节奏相吻合,这也体现了它的实用性特点。劳动号子的音乐材料具有重复性,歌词内容的创作通常是即兴的,演唱时没有任何伴奏,通常以一人领唱,其他人跟唱或者交替呼应的形式进行。号子的曲式结构大多十分简单,便于劳动者短时间内掌握。在演唱时也比较自由,可以根据劳动的情况开始或结束。总之,劳动号子具有很强的群众性,有一种淳朴自然的美感。

2. 山歌

山歌是一种产生在劳动和生活当中,劳动人民用以自由抒发情感的民间歌曲。山歌通常在野外演唱,不受劳动的限制,可以根据演唱者的喜好随意掌控。山歌的节奏自由,音调比较悠长,声音高亢、嘹亮,较多使用自由延长音,因而更容易抒发人内心的情感。

山歌同样是广大劳动人民创作的,但其产生途径主要有两个。一是广大人民在生产劳动当中为抒发情感,经过对歌曲的加工提炼逐渐形成的。另一种则是由民间小调转化而来,即某些小调在劳动过程中广为传唱,具有了山歌的某种功能,经过加工,成为了山歌的一部分。

在我国,山歌具有多种类型。有一般性质的山歌,即不同地区演唱的山歌形式、内容相近或相似,但是不同的民族或地区有不同的叫法,如信天游、山曲、爬山调、江浙山歌、西南山歌等。此外还有与劳动生产更为密切的山歌类型,如田秧山歌、放牧山歌等。

山歌通常受到广大人民的喜爱,主要是由于它情感表达直率、真切,音乐风格自由奔放,演唱时曲调高亢嘹亮,节奏悠长,易于抒情,并且山歌的曲式结构易于掌握,比较符合劳动人民的审美特点。

3. 小调

小调又叫做"小曲"或者"小令"等,是在城镇当中较为流行的一种小型民歌,也有人称其为"里巷之曲"。小调主要在人们生活的闲暇期或者在风俗性的节日、集会时演唱。演唱者既有广大的群众歌手,也有职业和半职业的民间艺人歌手。半职业艺人在平时从事农业或手工业劳动,遇到风俗性集会或娱乐活动时,则从事商业性表演,也能获得一定的收入。

小调所唱歌曲的内容十分广泛,有重大的社会历史事件,也有生活中的风俗、爱情、游戏等,几乎包括了生活中的方方面面,包罗万象。并且演唱形式也十分多样,有独唱、对唱、合唱等,其中独唱是最为常见的形式,演唱过程中常常有丝竹乐器作为伴奏。

这种演唱方式的节奏与节拍规整匀称,旋律曲折多样,通常采用叙事与抒情相交融的表现方法,音乐性格比较细腻,曲式结构也略微复杂。由于小调生长于民间,有时又带有一定的商业性,所以作品的趣味也是鱼龙混杂。有一些经过长期传唱依然经久不衰,被广大人民所喜爱,这一类淳朴健康的优秀作品显得尤为可贵。

(二)少数民族民歌

1. 蒙古族民歌

蒙古族民歌的主要体裁有狩猎歌、牧歌、思乡曲、礼俗歌、短歌、叙事歌等。从音乐特点和风格上分析,蒙古族民歌又可概括为长调和短调两种体裁,前者曲调悠长,节奏自由,篇幅长大,有浓厚的草原气息,后者曲调紧凑,节奏整齐,篇幅短小。

长调民歌是蒙古族音乐风格的典型代表,长调民歌不仅有较长的篇幅,而且气息宽广,情感深沉。演唱时持续的长音类似于马头琴演奏式的颤动和装饰,一些作品还具有史诗般雄浑的气魄和历史苍凉感。蒙古族的短调曲调短小,节奏整齐有力,音域没有长调宽广,多与舞蹈和打击乐相配合,蒙古族人民迁徙到蒙古草原以后,在牧区和农区都产生一些轻快活泼、节奏感鲜明的短调民歌。

蒙古族民歌的音乐特点主要表现在以下几方面:音阶以五声音阶及五声音阶以外加有偏音的七声音阶为主。调式方面,以羽调式和徵调式为主,宫调式和商调式也有较多应用。蒙古族民歌的旋律线条经常呈抛物线型,即乐句或乐节的高点常常位于旋律的中部,音程也有较大的跳进,这些是形成蒙古族民歌开阔、稳健、剽悍风格的原因所在。

2. 维吾尔族民歌

维吾尔族民歌的题材极其广泛,可以分为爱情歌、劳动歌、历史歌、生活歌、习俗歌等,其中以爱情歌曲的数量最多。由于地域因素的影响,维吾尔族民歌采用中国、欧洲和波斯—阿拉伯三个音乐体系,其中东疆、北疆地区民歌采用中国音乐体系的较多,南疆地区的民歌则以波斯—阿拉伯音乐体系为主,这一音乐体系对于维吾尔族来讲最具代表性。

维吾尔族民歌的音乐特点主要表现在:音阶上包含有五声、六声、七声以及约 1/4 全音的多种音阶形式。调式方面,采用中国音乐体系的维族民歌多用宫调式,徵调式、商调式次之;采用欧洲音乐体系的维族民歌以自然小调为主;采用波斯—阿拉伯音乐体系的维族民歌调式十分复杂多变。维吾尔族民歌的旋律线条多呈锯齿型,曲调行进曲折而细腻。

3. 藏族民歌

藏族民歌主要包括山歌、爱情歌、风俗歌、劳动歌、颂经歌等几类,其中的风俗歌内容丰富,又有酒歌、对歌、婚礼歌、箭歌、告别歌等类型。

山歌音乐节拍自由,旋律起伏较大,符合高原风光爽朗的特点。"山歌"在藏语中称"鲁"、"拉鲁"或"勒"等,是人们在广阔的山野和草原间纵情歌唱的民间歌曲,广泛流传于西藏、四川、青海、云南、甘肃五个省(自治区)的藏族地区。山歌的唱词内容包罗万象,有多种曲调,音乐结构为上下二句体乐段,以五声音阶为主。

风俗歌中的箭歌和酒歌曲调简洁婉转,风格热情朴实,具有鲜明的藏族民间音乐特色。藏语中把"箭歌"称作"达鲁",这类民歌流行于西藏东南部的林区,是从事狩猎活动的藏民射手们为了炫耀自己弓箭和箭术的高超所唱的歌曲,演唱的同时还伴有比较简单的舞蹈动作。箭歌曲调清新明快,给人以委婉亲切之感。"酒歌"藏族称为"羌"或"羌谐",是在年节喜庆或亲友聚会喝酒、敬酒时所唱的歌曲。酒歌在我国藏区流传很广,但不同的地区风格有所差异。

第三节　戏曲艺术

一、戏曲艺术的发展

希腊的悲喜剧、印度的梵剧和我国的戏曲并称世界三大古老戏剧。我国的戏曲是在民间音乐和传统文化的基础上形成和发展起来的，具有较为悠久的历史和相对成熟的表演水平。戏曲艺术集文学、音乐、舞蹈、武术、杂技、表演以及美术等多种艺术手段于一身，是一种综合性的舞台艺术。我国的戏曲艺术在上古时期的歌舞中就已经出现，但在较长的历史时期内都处于萌芽状态，直到宋元时期才在多种艺术形式综合的基础上，形成了比较完整的戏曲形态。

宋元时期北方流行的杂剧和南方流行的南戏，是我国最早的两种戏曲形式。北杂剧主要继承了诸宫调的艺术传统，并综合了其他一些艺术形式。它采用曲牌联套的音乐结构，音韵、技巧及演唱方法十分考究；南戏则来源于民间歌舞小戏，同时吸收了一些传统曲调，并与杂剧和说唱艺术相结合。由于我国疆域辽阔，自古就存在着语言和音乐的民族性特点，所以戏曲形成的最初时期，就出现了民族戏曲和地方戏曲的分别。两种不同的戏曲形式分别采用各自地域流行的曲调，因而又叫做"北曲"和"南曲"。但是在南、北曲的内部，也存在着由于语音、地域的差异而形成不同的声腔派别。

到了明清时期，戏曲又有了进一步的发展。明代初期杂剧逐渐被传奇所取代，它的形式更为灵活更能适应戏剧情节发展的要求。与此同时，兴起了多种戏曲唱腔，其中最有代表性的有弋阳腔、余姚腔、海盐腔和昆山腔，出现了四大唱腔争奇斗艳的局面。其中昆山腔在演唱、曲调、表现手法上更加完美，表演也更具特色，并且昆山腔逐渐向"雅"的方向发展，被一大批文人士大夫所推崇，形成了较为系统的表演方式。在后来的发展中，梆子腔和皮黄腔影响最大，梆子腔多演唱民间小曲，具有很强的群众性，在民间流传过程中形成了多个剧种。皮黄腔起源于安徽、湖北一带，清中叶流传到全国各地。这一时期出现的剧种较多，如徽剧、汉剧、湘剧、婺剧、赣剧、川剧、闽剧、桂剧、滇剧以及北方诸省众多的梆子剧种。清代道光、咸丰年间，在北京逐渐形成的京剧，熔徽、汉二调于一炉，显示出旺盛的生命力。

除了汉族戏剧，在我国一些少数民族地区也流行着一些各自的剧种，独具特色,如藏剧、苗剧、布依戏等。

二、戏曲的艺术特征

(一)表演的综合性

戏曲是一种综合艺术形式,能够将时间与空间都包容到表演当中。戏曲表演的内容极其丰富,包含着我国民间音乐中民歌、舞蹈、说唱、器乐的精华,同时还有我国杂技、武术的成就,可以说兼具"唱、念、做、打"等多种表现形式。除了舞台上动态的表演内容,戏曲的剧本创作体现了与文学的相辅相成,戏曲人物的脸谱、化妆、服装和道具,则体现了我国传统美术的观念和特点。

所谓的综合性表演,各种表演形式之间并不是相互独立的,戏曲演员必须掌握综合的表演技能。如一位京剧老生演员,绝不能单单会演唱即可,还需要有扎实的舞台功底,做一个文武老生,这是戏曲表演的需要。总之,戏曲艺术是一种高度的艺术综合形式,各类艺术之间有十分紧密的渗透和结合。

(二)表演的程式化

戏曲表演具有程序性、程式化的特点,具体表现在戏曲音乐中板式和曲牌的基本结构、衔接、组合、伴奏与唱腔的结合方式、伴奏的引奏、过门、垫头的部位及其惯用乐句、乐汇的习惯运用方法等。这一整套包括唱腔旋律、结构、幅度、字位、节奏的规格,以及伴奏音乐如何与歌唱、表演、舞蹈相配合的方法,是经过长期艺术实践代代相传而形成的,是戏曲演员在表演过程中应该遵循的。因为在长期的表演当中,在观众当中已经形成了一种共同的艺术欣赏习惯,所以不可以随意更改。

(三)分行当演出

戏曲表演根据不同角色的类型以及表演艺术上的特点划分出多种行当,不同行当在演唱上也有不同的风格。戏曲发展至今,行当划分十分繁琐,但基本可分为四个大类,即生、旦、净、丑,这是根据戏曲发展的传统延续下来的。

生扮演男性人物,一般是剧中的主要角色,根据人物的年龄、身份又可以分为老生(中老年男子)、小生(青少年男子)、武生(承担较多武打戏)等。一般来说,老生的演唱深沉、稳重,小生的演唱具有年轻男子的朝气和活力。老生使用真嗓演唱,小生在有些剧种中使用真假嗓相结合的唱法。

旦扮演女性角色,可分为青衣(多为稳重中青年女子)、花旦(天真活泼或放浪泼辣的青年妇女)、武旦(勇武女性,表演重武打)、老旦(老年妇女)等。青衣的演唱端庄细腻,花旦的演唱活跃泼辣,老旦的演唱苍劲持重。一般老旦使用真嗓,青衣、花旦使用假嗓。

净又叫花脸,由于面部化妆勾"脸谱"而得名。扮演在性格品质或相貌上有特别之处的男子,如项羽、曹操、关羽、张飞等,演唱用宽音或假音。

丑则是丑角的简称,丑角性格多样,多为滑稽幽默一类,他们更加注重表演,唱的部分相对较少,有"小花脸"之称。

图 6-3　花脸(曹操)

(四)唱腔与伴奏相结合

从听觉的角度来欣赏戏曲,主要包含两个方面,即演员的演唱和乐师的伴奏。戏曲是唱腔与伴奏相结合的艺术形式,二者相辅相成,紧密结合。在不同的戏曲种类当中,其伴奏乐器也各具特色,如京剧中主要以京胡和鼓作为伴奏,专业人士称为"司鼓""操琴";而昆剧当中最为主要的伴奏乐器是竹笛,其音色与唱腔十分相似。唱腔与伴奏之间的结合有如下特点:伴奏基本与唱腔旋律相同,常以高八度或低八度作为变化;伴奏时会经常加入装饰音,与唱腔唱腔相得益彰;根据需要,有时会"蜻蜓点水"般进行间歇伴奏,有时又会以伴奏代替人的声腔,起到"帮腔"的效果。戏曲音乐的伴奏,要求有较高的技巧和丰富的经验,这需要乐师在艺术实践中不断成熟和积累,乐师的伴奏对于演员的艺术创造起着重要的作用。

三、多种多样的剧种

(一)昆剧

昆剧,原称"昆曲"或"昆腔"。昆剧是熔南北地方戏于一炉,集文学、表演、舞蹈、杂技、武术、美术于一体的综合性舞台艺术,是我国现存最古老的剧种之一,被誉为"百戏之母"。

昆腔的音乐属于传统的曲牌联缀体结构,主要伴奏乐器有笛子、箫、笙、唢呐、琵琶、三弦、月琴、鼓板及锣等,其中以笛为主。其表演风格优美、舞蹈性强,演员在表演中是"无声不歌、无动不舞",人们常用"载歌载舞"来形容昆剧的表演。昆曲演唱讲究吐字、过腔和收音,发展出很多种装饰唱法,唱腔特色有"婉丽妩媚,一唱三叹"之说。

昆剧的音乐唱腔中包含有南昆、北昆两大流派,其实由元末明初的"南曲"和"北曲"发展而来,以适应不同地区观众的审美需求。南昆主要流行于江南浙北一带,北昆则流行于北京和河北的保定、高阳一带。南北风格的不同致使演唱曲目也不尽相同,南昆一般具有柔和秀丽的特点,多表现少女与文弱书生的爱情故事;北昆则风格豪迈激昂,刚劲雄健,多描写英雄豪杰,与各自的地域气质相符合。演唱剧目当中,南曲以文戏为主,如《荆钗记》《玉簪记》《牡丹亭》等,北曲中武打戏比较多,像《棋盘会》《通天梯》等。

图 6-4　昆曲《牡丹亭》

(二)京剧

京剧,是戏曲各剧种当中发展最为突出的一个剧种。因其诞生在北京,所以称为"京剧"或"京戏"。又因其演唱时采用"西皮""二黄"两种声腔,所以又叫做"皮黄"。

清朝末年,乾隆皇帝八十寿诞时,徽戏"三庆班"被带入京城贺寿,后来又有"四喜""和春""春台"三个戏班先后进京,合称为"四大徽班"。徽班所唱的声腔以二黄为主,为了迎合从各地来京的观众,他们又对已有的唱腔和演唱方法进行了改革。由于一批湖北艺人相继来京演出,又开始演唱西皮声腔。从这以后,二黄、西皮逐渐开始融合在一起,同时又吸取了昆曲、秦腔、京腔等剧种的腔调,并采用了这些剧种的一些剧目和表现手法。

20世纪前后,京剧艺术迎来了一个繁荣发展的时期,新的演出场地的兴建,京剧社团的蓬勃兴起和发展,给京剧艺术的繁荣创造了有利条件。这一时期形成了多种艺术流派,涌现出许多京剧名家,像谭鑫培、汪桂芬、孙菊仙等。接着梅兰芳、程砚秋、荀慧生、尚小云等名家出现,被称为"四小名旦",他们的演唱功力炉火纯青,各具特色,形成了不同的流派。老生行当里则出现了谭富英、马连良、言菊朋等名家,同时行当流派划分得更加明确,都促进了京剧艺术的成熟。如今的京剧艺术经过了二百多年的发展,已经成为了一个完美成熟的剧种,被广大观众誉为国粹。

京剧演唱曲目根据不同的流派会有所不同,较为著名的有《四郎探母》《太真外传》《贵妃醉酒》《群借华》《捉放曹》《霸王别姬》《野猪林》《空城计》《将相和》等等。文革时期的样板戏虽然较之传统京剧有一些改革,但《智取威虎山》《沙家浜》《红灯记》等剧目都已深入人心,成为经典。近年来京剧舞台更加活跃,除了演唱经典曲目外,艺术家们还精心编创一些新剧目,像《大唐贵妃》《赤壁》等都是其中的优秀作品,他们在保留传统的基础之上,加入新鲜元素,如大型交响乐队的伴奏以及超豪华的表演阵容等,某种程度上讲,是京剧随着时代向前发展的成功改革。

图6-5　京剧《四郎探母》

(三)越剧

越剧是一种典型的南方剧种,发源于浙江省绍兴地区嵊县一带,是古代越国的所在地,因而叫做越剧。

越剧形成之初,演员以小歌班为主进行培养。最初时期,男班兴盛一时,后来又创办一系列女班,以"女子文戏"的形式演出。由于男女演员演唱时具有不同的特色,一时展开了竞争。民国时期,女班以扮相俊美,曲调流畅而取代男班,越剧流行于浙江和上海。

越剧形成与发展并没有很长的历史,但因其演唱风格清新婉丽赢得了全国各地的大量观众,其中的袁雪芬、王文娟、徐玉兰等越剧名家更是家喻户晓。越剧演唱的曲目有一定的局限性,多以才子佳人的美好爱情故事为主,著名曲目有《梁山伯与祝英台》《红楼梦》《盘夫索夫》《柳毅传书》等。

图 6-6 越剧《红楼梦》

(四)豫剧

豫剧是河南省地方戏曲剧种,也叫做河南梆子、河南高调。早期演员用本嗓演唱,起腔与收腔时用假声翻高尾音带“讴”,所以又有“河南讴”的叫法。

豫剧在声腔上属梆子腔系,最初在开封、杞县一带盛行,后来由于地区的不同形成多个风格流派。在开封一带的,形成祥符调;传至商丘一带的,形成豫东调;流入洛阳的一支,发展为豫西调;流入漯河的一支,被称为沙河调。

民国时期,豫剧形成了新的流派,同时也编写了一批新戏,常香玉、陈素真、崔兰田、马金凤、阎立品等,都以自己独特的风格卓然成为一代名家。豫剧一向以唱功见长,唱腔流畅,节奏鲜明,近几年来演员多以真声演唱,所以吐字清晰,行腔酣畅,易于为观众听清。加之表演细腻,真切感人,文辞通俗易解,具有十分广泛的群众基础。豫剧除了在河南本省外,对周边各省市也有很大的影响。

豫剧的传统曲目众多,像《花木兰》《穆桂英挂帅》《七品芝麻官》等都是经典作品。新中国成立以后,还创作、改编了一些现代戏,如《朝阳沟》《刘胡兰》《李双双》等,至今仍被广泛传唱。

图 6-7　豫剧《朝阳沟》

（五）评剧

评剧又称"蹦蹦戏""落子戏""唐山落子""评戏"等，是我国北方的一个戏曲剧种，主要流行于河北、北京、天津一带。评剧唱腔是在唐山民歌、莲花落等民间音乐的基础上，吸收东北二人转、京剧、河北梆子等冀东和京津一带地方戏曲的音乐成分而形成的，其演唱风格抒情性强、流畅自然、具有浓厚的乡土气息。

评剧的不同流派有不同的唱腔特点：白玉霜创造了低腔中音的"白派"唱法，刘翠霞创造了高亢脆亮的"刘派"唱法，爱莲君创造了运用疙瘩腔的"爱派"唱法，新凤霞创造了"新派"唱法等。评剧的伴奏分文、武场。文场伴奏乐器包括板胡、二胡、中胡、低胡、琵琶、笛、笙等；武场伴奏乐器包括板鼓、梆子、锣、镲等。

评剧表演吸收了梆子、京剧的身段和程式，以活泼、自由、生活气息浓郁的特点深受大众喜爱，经典曲目有《花为媒》《人面桃花》《秦香莲》《杨三姐告状》等。

图 6-8　评剧《花为媒》

(六)黄梅戏

黄梅戏原来称为"黄梅调""采茶戏",是安徽省的主要地方剧种。黄梅戏的前身是湖北省黄梅县的民间采茶调。19世纪初,"黄梅调"传入安徽省安庆地区,逐渐发展成为黄梅戏。

黄梅戏的演唱采用安庆地方语言,唱腔淳朴流畅、明快抒情。黄梅戏的唱腔,根据传统习惯和曲调的结构、旋法等,基本分为三大声腔系统,即花腔、彩腔和主调,三种声腔各具特色。

图 6-9　黄梅戏《天仙配》

黄梅戏早年主要在农村的"草台"演出,其表演质朴细致,以真实活泼著称,雅俗共赏,有着浓郁的生活气息和清新的乡土风味。后来,黄梅戏由农村进入城市,表演艺术得到了提高,吸取了其他剧种的长处,丰富了表演程式和技巧,逐渐被更多的观众所喜爱。

黄梅戏的经典曲目有《天仙配》《女驸马》《牛郎织女》等,其中的很多唱段家喻户晓、流传很广。

第四节　器乐艺术

一、民族器乐艺术的发展

在原始社会时期,我们的祖先在劳动中就创造了乐器,他们用乐器传达感情,在狩猎之后,常敲打石片、吹牛角和弹弓弦,来为集体舞蹈伴奏,这便是原始时期的乐器。现在我们所发现的最早乐器是河南舞阳贾湖出土的骨笛,距今已有约八千多年的历史。在浙江余姚河姆渡氏族社会遗址出土的陶埙,是目前所知年代最早的埙,距今都已有六七千年的历史。这些乐器发音简单,制作也很简陋,说明人们的音乐活动处在比较原始的低级状态。但是,这些乐器的出现无疑具有十分重大的意义,贾湖骨笛和陶埙可以说为后来笛类乐器的发展以及埙的不断完善,奠定了基础。

图 6-10　远古的陶埙

到了先秦时期,乐器有了进一步的发展。周朝时见于记载的乐器大约有 70 余种,在《诗经》中出现的有 29 种。琴和瑟就是出现在这一时期的典型乐器。由于乐器数量的增加,人们按照乐器的制造材料进行分类,即所谓的金、石、土、革、丝、木、匏、竹八音分类法,这种分类方法在我国古代音乐体系当中曾经长期被沿用。

春秋战国时期,我国的音乐文化已发展到相当高度的水平,大型“钟鼓”乐队的形成,多种乐器的综合使用,最为典型的是 1978 年,在湖北随县战国初期曾侯乙墓中出土的多达 124 件古代乐器的大型“钟鼓”乐队,其阵容之庞大,实为罕见。另外,这一时期的音乐在民间也有了一定的发展,汉刘向编著的《战国策·齐策》中讲到:“临淄甚富而实,其民无不吹竽、鼓瑟、击筑、弹琴”。音乐走向民间,便获得更强的生命力。伴随着器乐演奏活动的频繁,还出现了许多技艺高超的演奏家。如春秋时代晋国的宫廷乐师师旷、师襄和民间琴师俞伯牙、战国末期善击筑的高渐离等,他们用音乐表达心声,流传下来一个个动人的故事。

图 6-11　俞伯牙与钟子期

秦汉至魏晋时期所出现的乐器,主要有筝、琵琶、笛、方响、卧箜篌等。随着经济的发展以及人们思想的日益开放,国内外各民族及各地区间的音乐文化交流更加频繁,东到朝鲜、日本,南到印支国家,北到蒙古民族,西到印度、波斯等地。外来文化传入中原,同时也带来了许多具有游牧色彩的轻便乐器。从文献记载看,自汉至唐先后传入的乐器有横吹(笛)、吐羌笛(竖吹)、筚、角、箜篌(竖箜篌)、曲项琵琶、筚篥、锣、钹、羯鼓等多种。

汉魏晋时期,古琴的独奏艺术达到了空前的发展,出现了一大批杰出的演奏家和经典作品,其中尤以嵇康和他的《广陵散》最为著名。《广陵散》的音乐内容反映了汉代以来人民不满封建迫害,赞扬英雄人物,追求幸福与自由的精神境界。我国著名古琴家管平湖先生根据《神奇秘谱》所载曲谱进行了整理,再现了《广陵散》的音响,为我国古代琴曲提供了一个言之确凿,闻之有声的实例。

到了隋唐时期,由于政局稳定,经济繁荣,使得音乐文化交流更加频繁,也促使民族乐器得到进一步的发展。这一时期的音乐发展,统治者起到了很关键的作用,包括隋炀帝、唐玄宗等,都是音乐爱好者,在他们的提倡甚至亲自参与下,音乐呈现了五彩缤纷的昌盛景象。在演奏上,技艺高超的演奏名手层出不穷,演奏活动十分频繁,如唐代的器乐演奏名家有琵琶高手曹妙达、段善本、康昆仑,阮有张隐耸,筝有李青青,箜篌有李凭,笛有李谟,箫有郑伦,笙有尉迟章,筚篥有李龟年,甚至唐玄宗李隆基都是羯鼓名手。在我国文学领域里,也出现了许多赞美这一时期音乐繁荣的作品,为我们研究民族音乐历史留下了宝贵的资料。如李白的《听蜀僧叡弹琴》、李贺的《李凭箜篌引》、白居易的《琵琶行》等,都赞颂了器乐演奏的高超水平。

宋代以后,我国的说唱艺术与戏曲艺术得到了空前的发展,各种器乐的演奏基本就是伴随着这些艺术形式发展起来的。宋元时期的乐器继承了隋唐时期的大部分乐器,如琴、筝、琵琶、笙、笛等,但从乐器的发展来看,有两方面的明显变化:一方面,对以往的乐器加以改进,如奚琴、轧筝、笙等;另一方面,出现了许多新的乐器,其中最为重要的是弓弦乐器——马尾胡琴的问世,同时包括其他乐器。

宋元时期,弦乐器的出现和完善,奠定了我国传统乐器吹、打、弹、拉四类结合的较完备的乐队基础。拉弦乐器基本上是根据隋唐时期的奚琴加以改进而形成的,后来发展马尾胡琴。这一时期歌曲音乐和戏曲音乐比较成熟,由于伴奏的需要相继出现了二胡、京胡、板胡、坠胡、四胡等拉弦乐器。

明清时期,民间器乐主要受到戏曲音乐、说唱音乐以及民歌小调的影响。多种戏曲声腔的形成与发展促使各地区民间器乐在形式、手法等多方面发生了巨大的变革。如昆曲的主要伴奏乐器为曲笛,京剧的主要伴奏乐器为京胡等。

近现代时期可以分为两个阶段,即自辛亥革命以后的民国时期和新中国成立以后。

民国时期,中华民族备受苦难、连年战争而人民流离失所,政治局势不稳定,极大地影响了民族器乐的发展,甚至有一些古代乐器逐渐失传。相对来说,在民间却保留了丰富多彩的民族乐器,并得到人们的继承和发展。虽然是在这动乱的年代,仍有许多具有民族气节的民间艺人及音乐家在不懈地为民族音乐而艰苦奋斗着。如盲人音乐家阿炳就是其中之一,他曾为二胡的演奏艺术的提高,付出了毕生的精力,作出了卓越的贡献。《二泉映月》是他的重要代表作。

新中国成立以后,一些民乐作曲家、演奏家按照"洋为中用、古为今用"的方针,大胆地借鉴西洋技术,创造出民族器乐组合的新形式,成功地创作、改编了不少优秀曲目,为民族器乐的发展作出了贡献。在老一辈民间艺术家的培养下,出现了新一代的民族音乐人才,他们刻苦努力,发愤图强,在国际舞台上获得了好评。我国民族音乐的交响乐团如今已经建制完备、乐器的表现力和演奏水平都达到了较高的水平,民族音乐正以崭新的姿态走向世界舞台。

二、民族器乐的演奏风格

(一)吹管乐器

1. 气息缓急分明

吹管独奏乐在吹奏悠长圆润的旋律时,音乐连绵不断,音响强弱变换适度。在吹奏短小的音型时,气息控制细腻、多变。在一些曲目当中,需要将这种缓与急的气息合理运用,服务于乐曲演奏的需要。例如,我国南派笛子大师赵松庭先生改编了湖南民间曲《鹧鸪飞》,在演奏时要先以幽静典雅的情绪引入,在最后以循环换气的超快速度下演奏,乐曲酣畅淋漓,节奏变化很大,带有强烈的艺术感染力。

2. 曲调情绪多变

吹管乐的音色特征最容易表现人的内心情感,一些乐曲情绪舒缓,但也有很多表现大喜大悲的作品。悲者催人泪下,喜者令人雀跃,这些作品常常旋律起伏跌宕,形成强烈对比,音色与音量的变化幅度很大。例如《喜相逢》这首梆笛曲,就以十分简洁的素材和热烈奔放的风格将亲人相聚时的喜悦心情表现得淋漓尽致。

3. 声形模拟逼真

吹管乐还能形象地模拟自然界的各种声音形象,包括自然声响、人声语调以及动物鸣叫等。例如《百鸟朝凤》利用唢呐的各种技巧,模拟众多鸟类的鸣叫;笛曲《荫中鸟》更是鸟鸣模仿的经典曲目,时而悠扬,时而短促,时而明亮,时而暗淡,观众欣赏以后不禁拍案叫绝。

(二)拉弦乐器

1. 戏曲风格浓厚

我国的拉弦乐器多是从各个地方戏曲中演变和发展而来的,至今仍有许多活跃于戏曲舞台之上,如京胡、板胡、高胡等。所以,胡琴类乐器的一大音乐特征即具有十分浓厚的戏曲色彩。这类乐器在演奏时,通过指法和运弓的巧妙配合,能够将戏曲音乐的唱腔韵味、板式结构模仿得惟妙惟肖,同时加上锣鼓等节奏性乐器的配合,使得戏曲音乐风格达到了相当的高度。

《夜深沉》是著名的京剧曲牌,乐曲的结构十分严谨,流畅激昂,刚劲有力。现在经常演奏的版本,包含引子、慢板、中板、快板这四部分,其中在快板段落作了较多发展,其中大鼓的独奏段落,京胡与鼓精彩对话的段落,用器乐化的语言诠释原唱腔的人声表演,使原曲牌境界得到了升华。

2. 音色绵延抒情

拉弦乐器的构造和演奏技术使它们的音色具有绵延抒情的特征。拉弦类乐器不像弹拨类乐器一样是以"点"为音符组成旋律,它们的旋律是以"线"的形式呈现出来的,因而表现力很强。再加上右手持弓,有多种弓法变化,更使得乐音具有连绵不绝的特色。另外,胡琴类乐器的演奏曲调舒缓者为多,旋律呈波浪形运动,特别适宜塑造深沉的音乐形象,抒情效果很强。

《月夜》是刘天华先生的二胡曲,乐曲是根据作者在一个月光如水的夜晚,想起往事,感怀而作。这首作品的旋律十分柔美,演奏速度也很缓慢,与作者当时的心境以及自然环境相呼应。旋律线条的起伏中伴有八度的大跳音程,慢速的滑奏更使得乐音的行进变得柔和、优美。乐句的发展绵延不断,右手弓法与之配合,形成绵延不断的演奏,同时作者将自然与内心的情感融为一体,具有很强的抒情性。

3. 富于吟唱效果

弓弦类乐器的旋律性特点能将人的各种复杂感受巧妙表达出来,既有十分长大的乐句,又有短小精悍的短句,如同人说话唱歌一样,将细腻的语气和语态通过琴声传达给我们。尤其是一些具有代表性的乐曲,演奏效果如同人声吟唱,宛然是鲜活人物的深情诉说,让欣赏者为之动容。

《二泉映月》是盲人音乐家阿炳(华彦钧)在20世纪40年代创作的一首脍炙人口的二胡独奏名曲。这首作品最初是由阿炳在不定型的即兴演奏中开始的,从各个片段的创作到最终完整作品的构成,经过了很长时间,作者自己称其为"依心曲",这首曲子也是阿炳人生经历、坎坷人生的真实写照。全曲共有六段,主题音调经过多次变奏,委婉沉思的旋律伴随着倾诉般的音乐徐徐展开。演奏过程中多种节奏细腻的变化组合,配合苍劲高超的运弓处理,流露出作者如泣如诉、如悲似怒的情调。欣赏者听到这首曲子时,既有感慨万千的情怀,又有内心歌唱的咏叹,充分展现了弓弦乐器富于歌唱吟咏的艺术效果。

(三)弹拨乐器

1. 音质清晰明快

弹拨乐器的演奏效果是颗粒状的明快音质,这是由它的演奏技法决定的。正如唐代诗人白居易听《琵琶行》中所言:"大珠小珠落玉盘。"在不同的弹拨乐器在演奏中,每个颗粒点的长短虚实、快慢吟揉所发出的声音又是千差万别的,它们各自带有非常清晰的个性。例如在古筝曲《出水莲》当中,通过古筝清晰明快的点状音质,描绘出莲花高洁美丽的形象特征。

2. 曲风刚柔相济

弹拨乐器常给人以幽静、典雅之感,这是人们的一种思维定势,其实在实际演奏中可以分为文曲和武曲。文曲以写意抒情为主,曲调优美清晰,武曲则更加写实,注重叙事,常以扫弦等技巧表现坚毅刚强的性格特征。人们在聆听琵琶曲《十面埋伏》时就可以感受到楚霸王的豪迈气概与兵败乌江时的悲壮场面。

3. 流派风格各异

弹拨类乐器的发展领域十分广泛,在全国有很多流派,不论是古琴、古筝以及其他弹拨乐器,每一种演奏流派都带有自己独特的风格特征。以古筝为例,目前在国内有山东筝派、河南筝派以及广东潮州筝派等,他们各自带有传承性、地域性的特征,在艺术风格上格式不断创新和丰富,使得古筝演奏名家辈出,异彩纷呈。

三、特色鲜明的独奏乐器

（一）笛子

笛子是广受中国人民喜爱的民族吹管乐器,被誉为"管乐之王"。根据《吕氏春秋》《玉海》等文献的记载,早在黄帝时代就已经有了竹制的笛子。在后来的历史发展过程中,出现了各种不同形制的笛子。大约到了元朝之后,竹笛的形制就和现在的六孔竹笛完全一样了。不论是南方还是北方,由于戏曲的盛行,竹笛成了戏曲伴奏的重要乐器。明代时期,江苏昆山一带出现了昆曲这一戏曲形式,更加赋予了竹笛鲜活的生命力,在乐队伴奏中,占据着主要地位,这种传统的艺术形式一直发展至今,经久不衰。近代以来,我国北派笛子宗师冯子存先生首先将笛子搬上了独奏舞台,从此,笛子独奏的表演形式逐渐确定下来。

图 6-12　北派笛子宗师冯子存

当今民乐舞台之上,笛子的种类有很多,大体可以分为曲笛与梆笛。曲笛笛管粗而长,发音柔和委婉,因其为昆曲伴奏而得名。它的音高比梆笛低一个纯四度,常用的有 C 调曲笛、D 调曲笛、E 调曲笛,以 D 调为主。这种笛子大多用于南方风格的演奏当中,如江南丝竹乐,昆曲和戏曲乱弹中的伴奏等。梆笛笛管细而短,发音嘹亮高亢,这种笛子流行在北方,常用的有 F 调梆笛、G 调梆笛、A 调梆笛,以 G 调为主,既能伴奏,又能独奏。这两种笛子虽然在长短、粗细、音色上有所不同,但在外形构造和演奏方法上是完全一样的。

传统的笛子演奏分为北方笛派和南方笛派。北方笛派的演奏,刚劲有力、欢快热烈、富于乡土气息,广受群众的喜爱,著名的演奏家有冯子存、刘管乐,经典曲目有《喜相逢》《荫中鸟》《扬鞭催马运粮忙》等。南方笛派的演奏清新婉丽、细腻雅致、具有很强的艺术感染力,著名演奏家有陆春龄、赵松庭等,经典曲目有《欢乐歌》《鹧鸪飞》《姑苏行》等。随着南北笛家的不断交流,如今的许多笛子演奏家南北技巧都十分精通,演奏风格多样,极大地促进了竹笛艺术的发展。

乐曲《姑苏行》是典型的江南笛曲,由我国著名笛子演奏家江先渭先生根据昆曲曲牌改编而成。乐曲优美典雅,表现了历史古城苏州(古称姑苏)的秀丽风光和人们游览时的愉悦心情。该曲作于 1962 年,如今已成为家喻户晓的经典之作。

全曲共分为四个段落:【一】宁静的引子,似一幅晨雾依稀、楼台亭阁隐现的诱人画面。【二】抒情优雅的行板,表现人们观赏精巧秀丽的苏州园林时,美不胜收的愉悦心情。【三】起伏的小快板,写游人嬉戏情溢于外的激动心情。【四】为第二段的减缩再现,写游人沉醉于美景之中,流连忘返,令人回味无穷。

例 6-1

姑苏行(片段)

江先渭　曲

1＝C(C 调曲笛筒音作 5)

(二)箫

据史料记载,现在常用的箫起源于汉代西羌,所以又叫做"羌笛"。相传最初的箫只有三四个音孔，至汉代加成五孔，魏朝时有了六音孔的箫，这种箫在我国古代一直流行多年，至今仍被很多演奏者所使用。

在古代相当长的时期内，箫和笛一直被人们混称。古代的箫，有时又常常指的是排箫，直到唐、宋时期，才有了"横吹有膜孔为笛，竖吹端口为箫"的说法，自此，笛和箫有了明确的划分。因为箫管上开有几个音孔，所以又称洞箫。唐代诗人李白在《宫中行乐辞》中把箫比做"凤"——"笛奏龙吟水，箫鸣凤下空"，所以又有凤箫之称。

图 6-13　徐悲鸿《箫声》(局部)

古人常说"怨去吹箫，狂来说剑"，箫的音色不缓不急，不高不低，直指人的内心深处，善于表达内心的情感，千百年来广受文人墨客的喜爱，"琴箫合奏"这一艺术形式更是在文人群体中占有很高的地位。宋代大文豪苏东坡在《前赤壁赋》中曾对箫声有过十分精彩的描写："客有吹洞箫者，倚歌而和之，其声呜呜然，如怨如慕，如泣如诉，余音袅袅，不绝如缕，舞幽壑之潜蛟，泣孤舟之嫠妇"，这证明箫的音色有很强的艺术魅力。

传统洞箫为六孔箫，近年来人们对箫进行了改良，出现了一种八孔箫，目前在我国使用最为广泛，其管径与洞箫一致，开有八个音孔，因此得名，吹奏方法与洞箫(即传统六孔箫)完全相同，指法上略有不同。八孔箫的优点是音量大，转调方便。

箫的演奏在民乐舞台上时常出现，老一辈的演奏家有陈重、孙裕德等，年轻一代的杰出演奏家有谭炎健、张维良等人。

箫这一乐器具有很强的文人气息，自古以来演奏的曲目有很多，如《凤凰台上忆吹箫》《秋江夜泊》《傍妆台》等，下面一首《梅花三弄》是晋代音乐家桓伊所作的一首琴曲，后来被人们改编为笛曲和箫曲，《梅花三弄》表现了梅花不畏严寒，迎风傲雪的的坚毅品格和高洁志趣。乐曲当中的"三弄"巧妙地运用了泛音的演奏方法，极具特色。

例 6-2

梅花三弄（片段）

古曲

1＝F（筒音作 5）

【引子】慢

（五线简谱旋律片段）

（三）京胡

京胡是胡琴的一个种类，它是随着国粹京剧的出现逐渐产生和发展起来的，因而单以京胡而论，发展历史并不是很长。京剧产生的最初时期，京胡琴杆短，琴筒小，蒙蟒皮或者蛇皮，张丝弦，用软弓拉奏。在后来的艺术实践中发现，硬弓拉奏的效果更好，与此同时演奏技法也博采众长，得到进一步发展。京胡从软弓变硬弓，从短弓变长弓，加之"吟揉滑抹"指法润饰的一系列变革，经过二百多年的舞台实践，最终形成了独特的"衬、托、垫、补"的演奏风格。

京胡自清代中叶用于京剧发展到今天，无论是演奏技法还是演奏内容都在进行着创新探索，尤其是近年来产生了不同类型的京胡独奏、协奏曲，使京胡从幕后伴奏步入乐器表演的领域，无疑这是拓宽京胡演奏内容和技巧的重要举措。

下面一首《夜深沉》常常在独奏舞台上出现,这种京胡独奏形式令人耳目一新。

例 6-3

夜深沉(片段)

京剧曲牌

(6̣ 3 弦)西皮

（四）二胡

二胡是弓弦乐器当中最为人们所熟知的乐器,在生活当中十分常见。当今舞台上演奏用的二胡,发展时间并不长,并且相当一段时间内处于为其他艺术行当做伴奏的地位,很少用于独奏。直到 20 世纪初,我国出现了一位民族音乐家刘天华,他对二胡的发展和演奏地位有着十分重要的意义。刘天华长时间研究二胡,写下了 10 首著名的二胡曲,并举办了首场二胡独奏音乐会。在教学领域,他创作的 47 首二胡练习曲,为现代二胡教学体系奠定了坚实的基础。几乎同一时期的另一位民间音乐家华彦钧对二胡发展的功绩也是不可磨灭的,他具有很高的音乐才能,演奏技艺高超,由他创作的《二泉映月》成为二胡演奏曲目中的经典之作。

二胡发展到今天,不论在创作、演奏、教学和乐器制造上都呈现出一片新的生机与活力,近几十年来的发展,使得我国出现了一大批杰出的演奏家,创作出大量的优秀作品。同时,二胡的演奏也频频出现于国际舞台之上，以独特的艺术魅力赢得了外国听众的认可及赞誉。

二胡演奏的经典曲目有很多，如《二泉映月》《良宵》《赛马》等几乎家喻户晓，得到广大人民的喜爱。

例 6-4

赛马（片段）

黄海怀　曲

1＝F(6 3 弦)

$$\overset{\Pi}{6.}\ \underset{f}{\underline{3\,5}}\ |\ 6.\ \overset{0}{\underline{3\,5}}\ |\ 6.\ \underline{3\,5}\ |\ 6.\ \overset{\vee}{\underline{3\,5}}\ |\ \underset{p}{\underline{6535}}\ \underline{6535}\ |\ \underline{6535}\ \underline{6535}\ |\ \overset{\vee 5}{\underline{6^{\vee}6}}\ \overset{\vee 5}{\underline{6^{\vee}6}}\ |$$

$$\overset{\vee}{\underline{6^{\vee}6}}\ \underline{6^{\vee}6}\ |\ \underset{f}{\underline{6\ 3}}\ \underline{1\ 6}\ |\ \underline{3\ 6}\ \underline{5\ 3}\ |\ \underset{p}{\underline{2321}}\ \underline{2321}\ |\ \underline{2321}\ \underline{2321}\ |\ \overset{内}{\underset{f}{\underline{6\ 3}}}\ \underline{1\ 6}\ |\ \underline{3\ 6}\ \underline{5\ 3}\ |$$

$$\underset{p}{\underline{2321}}\ \underline{2321}\ |\ \underline{2321}\ \underline{2321}\ |\ 2.\ \overset{\vee}{\underline{6\,1}}\ |\ 2.\ \underline{6\,1}\ |\ 2.\ \underline{6\,1}\ |\ 2.\ \underline{6\,1}\ |\ \underset{p}{\underline{2321}}\ \underline{2321}\ |$$

$$\overset{三}{\underline{2321}}\ \underline{2321}\ |\ \underline{2^{\frac{t}{2}}2}\ \underline{2^{\frac{t}{2}}2}\ |\ \underline{2^{\frac{t}{2}}2}\ \underline{2^{\frac{t}{2}}2}\ |\ \overset{\Pi}{\underset{ff}{6}}\ 6\ |\ 5\ 3\ |\ 2\ 5\ |\ 3\ 1\ |$$

$$\overset{\Pi}{\underset{mp}{6}}\ 6\ |\ 5\ 3\ |\ \overset{三}{1}\ 1\ |\ 6.\ \underline{1\,2}\ |\ 6.\ \underline{1\,2}\ |\ 6.\ \underline{1\,2}\ |$$

（五）古琴

古琴这一乐器历史悠久，在远古时期就有很多关于古琴的传说。古琴也叫做"琴"或"瑶琴"，距今已有三千年以上的历史。早期的琴造型有别，琴的弦数也不一样。随着琴的演变和日趋成熟，琴逐渐固定为"七弦琴"，并有了相对稳定的形态。

图 6-14　管平湖先生在演奏古琴

　　中国历史上,古琴一直是正统音乐的代表,具有浓厚的文人气息。这件具有中国文化特质的乐器经过几千年的流传终未绝响,保留了中国音乐中最古老的音调。古琴艺术与儒家思想密不可分,孔子就是其中的代表。古琴演奏在先秦时期已经比较成熟,并风靡一时,《诗经》当中又很多关于古琴的描写。两汉至隋唐期间,古琴艺术进一步完善,更加受到推崇,达到了鼎盛时期。宋代以后到明清时期,古琴演奏风格独特、流派众多、人才辈出,这种音乐传统一直被人们所传承,直至今日。

　　古琴的音色清幽淡远,意境深厚,历来被人们所喜爱。经典演奏曲目有《流水》《阳关三叠》《酒狂》《潇湘云水》等。《流水》是古琴名曲之一,讲述的是《吕氏春秋》中伯牙鼓琴的故事,按《琴史·列子》云:伯牙善鼓琴,钟子期善听。伯牙志在高山,钟子期曰:"巍巍乎,若泰山"。伯牙志在流水,钟子期曰:"洋洋乎,若江海"。伯乎所念,子期心明。伯牙曰:"善者,子之心而与吾心同",子期既死,伯牙绝弦,终身不复鼓也,故有高山流水之曲。现代古琴演奏家管平湖先生演奏的《流水》最为人们所称道,他的演奏气势磅礴,以指法坚劲见长,在国内外都享有盛誉。

例 6-5

流水

古曲

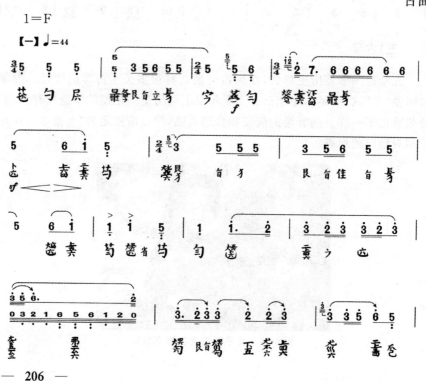

（六）古筝

古筝也具有十分悠久的历史，它是以音响效果命名的乐器，"筝者，铮铮然也"，表现出一种风骨。筝是秦地的特有民间乐器，早在西周时期，秦地就已经有筝这个乐器了，所以历史上有"秦筝"一说。司马迁的在《史记》中记载，李斯为劝谏秦王不要听信谗言，在《谏逐客书》中说："夫击瓮、叩缶、弹筝、博髀，而歌呼呜呜。快耳目者，真秦之声也"。

古筝在长期的历史发展过程中，深受人们的喜爱。除了宫廷音乐，古筝在民间也十分流行。随着中原文化的传播，筝的演奏在全国形成了众多流派，比较知名的有山东、河南、浙江、广东等各个流派，他们的演奏风格各异，曲目众多，具有很强的艺术魅力。

古筝的音色不像古琴那样低沉浑厚，但通过特殊的演奏方法也能模仿古琴演奏，筝的音响明快清亮，流传下来许多经典的曲目，例如《汉宫秋月》《渔舟唱晚》《出水莲》《战台风》等。《渔舟唱晚》是一首具有古典风格的河南筝曲，描绘了在夕阳的余晖下，渔民泛舟江上，悠然自得的情态。

例 6-6

渔舟唱晚

河南筝曲

1＝D

参考文献

[1]程裕祯.中国文化要略.北京:外语教学与研究出版社,2011.

[2]张岂之.中国传统文化.北京:高等教育出版社,2010.

[3]苗延荣.中国民族艺术设计.沈阳:辽宁科学技术出版社,2010.

[4]黄艳芳.中国文化鉴赏.北京:中国商务出版社,2011.

[5]杨仁恺.中国书画.上海:上海古籍出版社,2001.

[6]聂瑞辰.中国绘画赏析.天津:天津大学出版社,2006.

[7]王菊生.中国绘画学概论.长沙:湖南美术出版社,1998.

[8]吴葆伦,刘凤琴.中国画技法与鉴赏.北京:东方出版社,1996.

[9]葛路.中国绘画美学范畴体系.北京:北京大学出版社,2009.

[10]杨振国.中国绘画.上海:上海人民美术出版社,2005.

[11]陈传席.中国绘画美学史.北京:人民美术出版社,2002.

[12]赵萌.中国雕塑艺术.北京:人民美术出版社,2013.

[13]蒋勋.中国美术史.北京:生活·读书·新知三联书店,2008.

[14]王诚浩,屈一峰.中国美术鉴赏.武汉:武汉大学出版社,2008.

[15]王彦发.中国民间美术概论.郑州:海燕出版社,2011.

[16]刘世军.中国民间美术.成都:西南交通大学出版社,2010.

[17]易心,肖翱子.中国民间美术.长沙:湖南大学出版社,2011.

[18]李天义.中国民族器乐经典作品欣赏:对中国民族音乐的感悟.北京:民族出版社,2009.

[19]李昆丽.中国民族器乐鉴赏.重庆:西南师范大学出版社,2009.

[20]施咏.中国民族器乐经典名曲50首详解.重庆:西南师范大学出版社,2007.

[21]中国音乐学院附中.民族器乐.上海:上海音乐出版社,2012.

[22]李立.民族器乐欣赏.北京:中国三峡出版社,2008.

[23]连波.国乐飘香:中国传统音乐文化赏析.北京:人民音乐出版社,2001.

[24]梁茂春,陈秉义.中国音乐通史教程.北京:中央音乐学院出版社,2005.

[25]汪毓和.中国现代音乐史纲:1949～2000.北京:中央音乐学院出版社,2009.

[26]胡郁青,赵玲.中国音乐史.重庆:西南师范大学出版社,2012.

[27]臧一冰.中国音乐史.武汉:武汉大学出版社,2011.

[28]汪毓和.中国近代音乐史.北京:中央民族大学出版社,2006.

[29]邓光华.中国民族音乐及作品鉴赏.北京:高等教育出版社,2011.

[30]张尊连.二胡名曲教学.北京:高等教育出版社,2012.

[31]郭克俭.戏曲鉴赏.上海:上海教育出版社,2011.

[32]刘文峰.中国戏曲史.北京:生活·读书·新知三联书店,2013.

[33]夏兰.中国戏曲文化.北京:时事出版社,2007.

[34]陈文兵,华金余.戏曲鉴赏.北京:对外经济贸易大学出版社,2008.

[35]李中会.戏曲鉴赏.北京:北京师范大学出版社,2010.